Anna Winner · Elisabeth Erndt-Doll

# ANFANG GUT?
# ALLES BESSER!

## Ein Modell für die Eingewöhnung in Kinderkrippen und anderen Tageseinrichtungen für Kinder

verlag das netz

Weimar · Berlin

ISBN 978-3-86892-015-4

Lektorat: Eva Killmann von Unruh
Gestaltung: Jens Klennert, Tania Miguez
Zeichnungen: Katharina, drei Jahre
Druck und Bindung: Colordruck, Zwickau
Printed in Germany

Weitere Informationen finden Sie unter www.verlagdasnetz.de

# Inhalt

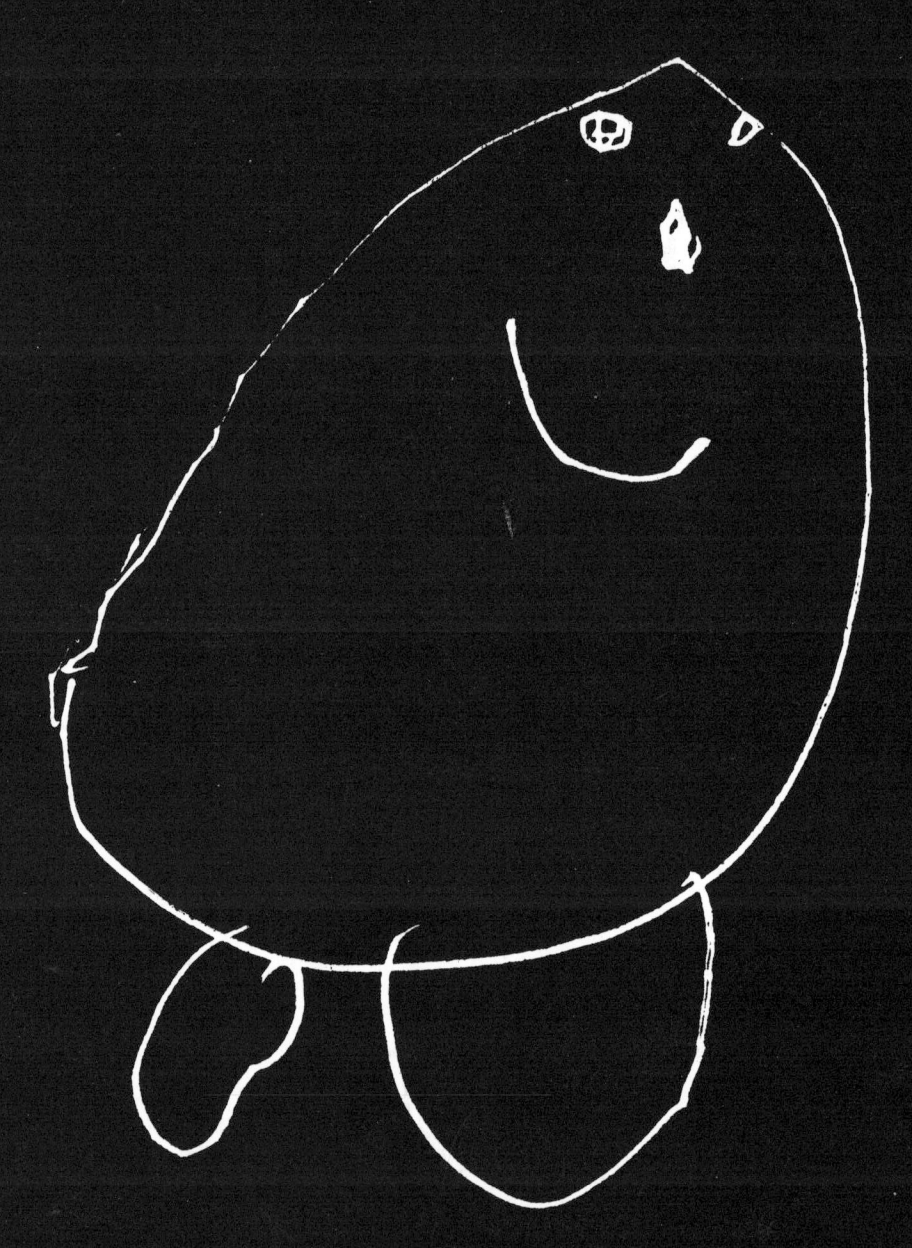

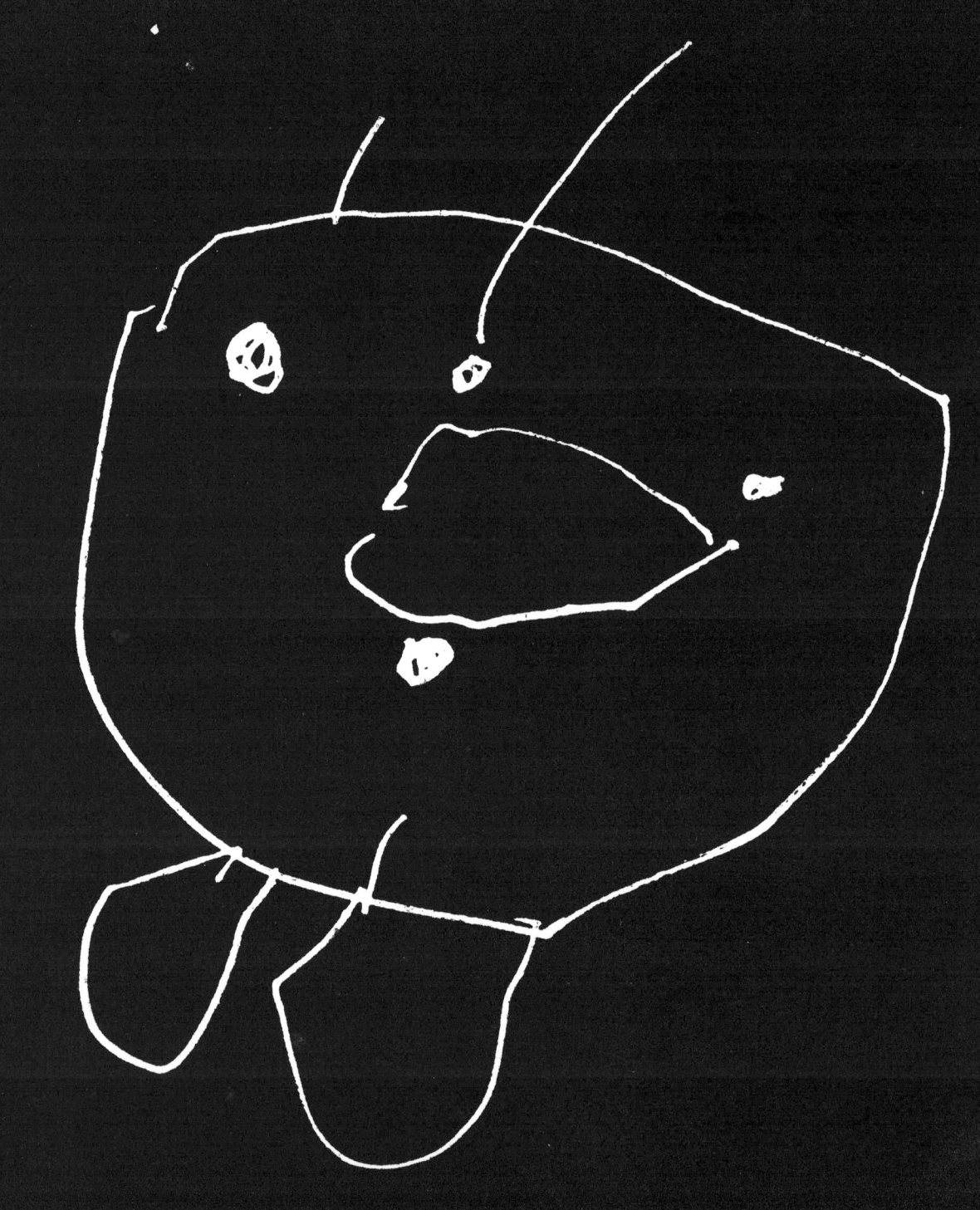

# Vorwort

Seit dem 1. August 2013 haben alle Kinder ab dem zweiten Lebensjahr einen Rechtsanspruch auf einen Betreuungsplatz. Gegenwärtig werden deshalb viele neue Einrichtungen für Kinder im Alter von null bis drei Jahren eröffnet. Zunehmend werden altersgemischte Gruppen gebildet und Zweijährige in Kindergärten aufgenommen. Bis 2013 sollen für rund 35 Prozent der Kinder, die jünger als drei Jahre sind, in Deutschland Betreuungsplätze geschaffen werden. Das wäre mehr als eine Verdreifachung des bisherigen Angebots. In der politischen Auseinandersetzung um dieses Ziel wird deutlich, dass ein quantitativer Ausbau allein nicht ausreicht. Damit dieser Ausbau auch wirklich den Kindern und ihren Familien zugutekommt, braucht es Qualität.

Die Qualitätsdiskussion muss hier nicht bei null anfangen. Seit den 1970er-Jahren gibt es in Deutschland – wenn auch in einem kleinen Expertinnenkreis – ein intensives Nachdenken und Forschen über Kleinstkindpädagogik, in das auch die internationalen wissenschaftlichen Erkenntnisse einflossen. An mehreren Orten wurden Projekte durchgeführt, die den Transfer der Erkenntnisse in die Praxis begleiten und sichern sollten und den Dialog zwischen Praxis und Forschung belebten.

Wir arbeiteten in München von 1987 bis 1991 an einem dieser Modellprojekte mit. Der Projekttitel »Modellprojekt: Frühförderung von Kleinstkindern durch Unterstützung junger Familien bei der Erziehungsaufgabe und durch pädagogische Qualifizierung von Kinderkrippen« drückt das Kernanliegen des Projektes aus: Die Förderung von Kleinstkindern braucht die Kooperation von Eltern und Kinderkrippe. Nicht in Konkurrenz und nicht in Abgrenzung, sondern nur gemeinsam kann diese Aufgabe gelingen. Ein wesentlicher Arbeitsschwerpunkt im Projekt war die Entwicklung, Begleitung und Evaluation eines ökopsychologisch fundierten Eingewöhnungskonzeptes. Alle Personen, die an der Übergangssituation beteiligt sind, sollen diese Entwicklungsphase auch aktiv mitgestalten. Eingewöhnung ist kein passiver Anpassungsprozess, in dem das neue Eingewöhnungskind von kompetenten Erwachsenen in eine gegebene Situation eingewöhnt wird. Jedes neue Kind, jede neue Familie bringt eigene Bedürfnisse und Ressourcen mit ein.

Die »kompetenten Säuglinge« beteiligen sich aktiv an der Gestaltung des Übergangs von der Familie in die Kinderkrippe. So liegt der Fokus in dem hier beschriebenen Münchener Eingewöhnungsmodell auch nicht nur auf der Erzieherin-Kind-Beziehung – die Kindergruppe, die Kinder, die die Einrichtung bereits besuchen, wirken aktiv mit. Die Eltern werden an Entscheidungen beteiligt und in ihrer Erziehungsverantwortung gestärkt. Die neuen Kinder, Mütter und Väter werden in den pädagogischen Alltag eingeladen. Sie sollen sich selbst ein realistisches Bild von der Kinderkrippe machen können, denn die Arbeit in den Einrichtungen kann sich sehen lassen. Erst wenn die Kinderkrippe mit ihren Personen, dem Tagesablauf und den Räumen keine »fremde Situation« mehr darstellt, kann ein Kind dort ohne seine Eltern bleiben und sich selbst bilden. Dieses Konzept hat sich seither in der Praxis vielfach bewährt und einen Beitrag dafür geleistet, dass zunehmend auch Väter ihre Kinder in der Übergangsphase begleiten.

Nachdem wir nun seit mehr als 20 Jahren gemeinsam mit Eltern und pädagogischen Fachleuten gegen Vorurteile und negative Einstellungen gegenüber einer außerfamiliären Betreuung von Kleinkindern in der Öffentlichkeit ankämpfen, freut uns die zunehmende Akzeptanz von Kinderkrippen und wir begrüßen den dringend notwendigen Ausbau von Betreuungsplätzen für Kleinkinder. Aber wir wissen, dass mit diesem Ausbau nicht automatisch auch eine Akzeptanz der Kleinstkindpädagogik, für die wir stehen, und der Qualitätsmaßstäbe, die wir für unverzichtbar halten, einhergehen. In den letzten Jahren haben wir viele Erzieherinnen und Erzieher fortgebildet und Teams bei Neueröffnungen beraten und fachlich begleitet. Wir haben Träger informiert, Vorträge gehalten, Artikel geschrieben und viele, viele Gespräche mit Eltern und Fachleuten geführt. Wir sind dabei auf großes Interesse, Neugierde, Wissensdurst und Reflexionsbereitschaft gestoßen, aber auch auf große Verunsicherung.

Wir widmen dem Thema »Eingewöhnung« ein ganzes Buch und möchten damit in die Qualitätsdebatte eingreifen und unser Wissen, unsere Erfahrung und unsere Argumente zur Verfügung stellen. Wir möchten Frauen und Männern Mut machen, sich auch beruflich den »kleinen« Kindern zuzuwenden. Wir wissen, wie berei-

chernd diese Arbeit ist. Die Arbeit mit Kleinkindern stellt eine professionelle Herausforderung dar und erfordert viel Fachkompetenz. Allein »die Liebe zum Kind« reicht dafür nicht aus.

Im ersten Teil des Buches stellen wir die theoretischen Grundlagen des Münchener Eingewöhnungsmodells vor. Zentral für die Arbeit mit kleinen Kindern erscheint uns, dass sich die Erzieherinnen und Erzieher der eigenen Rolle und der eigenen Einstellungen sowohl zu Eltern, wie zur außerfamiliären Betreuung von Kleinkindern bewusst werden. Im zweiten Teil skizzieren wir das Handlungskonzept zur Eingewöhnung und im dritten Teil beantworten wir Fragen, die uns in den Fortbildungen immer wieder gestellt werden. Hier dokumentieren wir auch Beispiele, wie Teams bei Neueröffnungen das Eingewöhnungsmodell kreativ und flexibel nutzen. Im vierten Teil haben wir Materialien zusammengestellt, die helfen, die vielen notwendigen Gespräche mit Eltern zu planen und zu reflektieren.

Wir möchten uns mit diesem Buch bei all den Mitarbeiterinnen und Mitarbeitern in Kinderkrippen bedanken, die sich trotz geringer gesellschaftlicher Anerkennung und Bezahlung, trotz vieler Vorurteile für die Kinder und ihre Eltern einsetzen. Durch ihre Arbeit ermöglichen sie den Kindern eine Entwicklung zu einer eigenständigen und gemeinschaftsfähigen Persönlichkeit und sorgen dafür, dass Kinderkrippen Orte sind, an denen Bildung, Erziehung und Betreuung gelingen.

Anna Winner, Elisabeth Erndt-Doll im September 2013

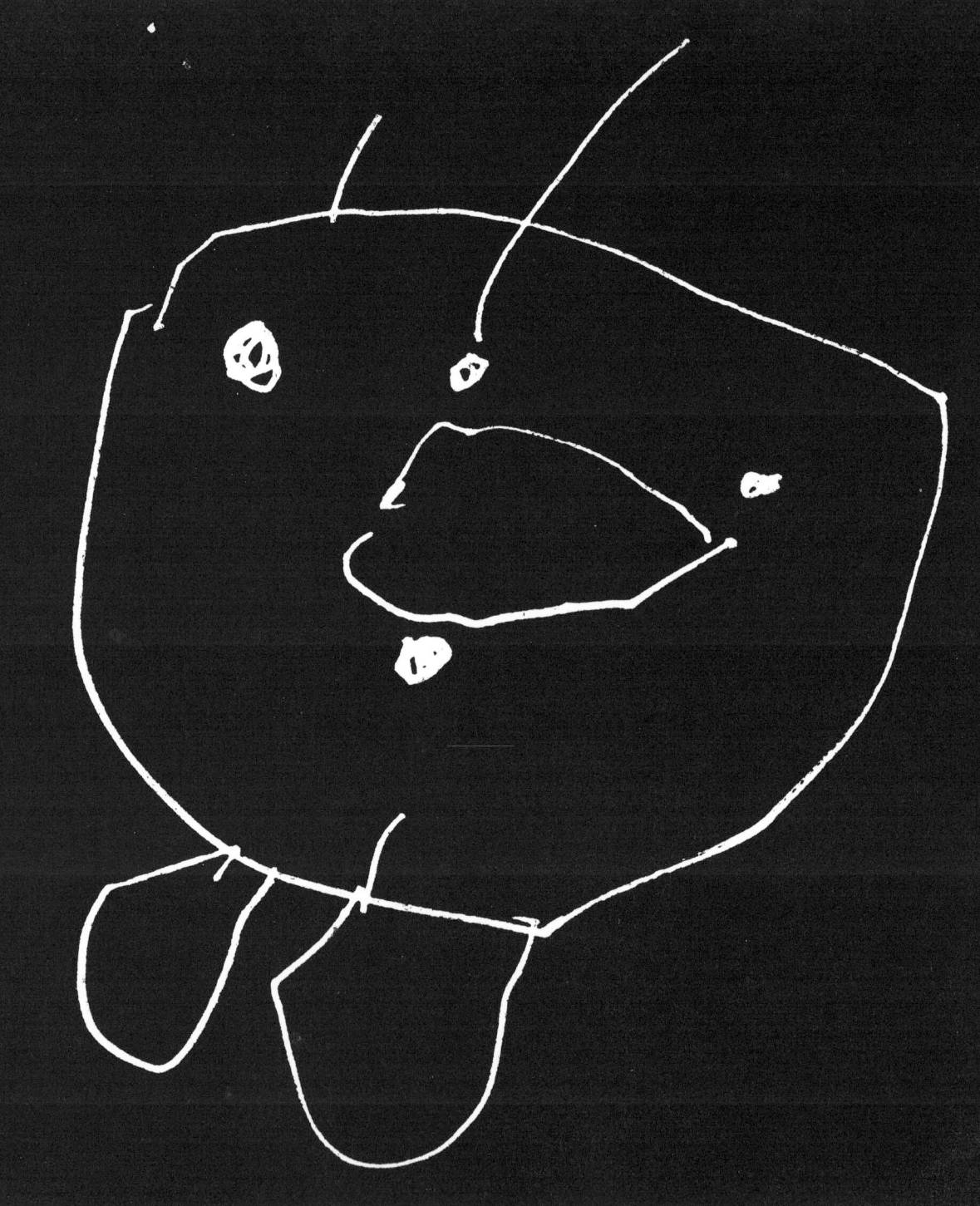

# 1. Eingewöhnung – ein unverzichtbares Qualitätsmerkmal

Die Gestaltung einer behutsamen Übergangzeit von der Familie in die Kindertagestätte gemeinsam mit Eltern und Kindern gehört zu den unverzichtbaren Qualitätskriterien. Sie ist das A und O für eine qualitätsvolle Bildung, Erziehung und Betreuung von Kindern. Erst wenn das Kind Vertrauen in die Kindertagesstätte gefasst hat, wenn es die Einrichtung, den Tagesablauf, die Bezugserzieherinnen und Bezugserzieher und die Kindergruppe kennengelernt hat, kann es in der Einrichtung lernen. Darin unterscheiden sich Kleinkinder in nichts von Kindergarten- und Schulkindern. Der einzige Unterschied liegt nur in der Art und Weise, wie Kleinkinder Neues kennenlernen und Sicherheit gewinnen.

Unter einer gestalteten Eingewöhnungsphase werden die ersten Wochen verstanden, die ein Kind in Begleitung seiner Mutter oder seines Vaters in einer außerfamiliären Kindertagesstätte verbringt. In dieser Zeit spürt das Kind viele Veränderungen in seinem Leben; es sammelt zahlreiche neue Eindrücke und wird am Ende dieser Zeit vielleicht zum ersten Mal mit Erlebnissen von Trennung und Abschied konfrontiert. Abrupte und plötzliche Veränderungen im Leben, auf die wir keinen Einfluß nehmen können, versetzen auch Erwachsene in eine passive und hilflose Position, auf die sie häufig mit Wut oder vieleicht auch Verdrängung reagieren.

Bei Erwachsenen wie bei Kindern kann dies zu traumatischen Erlebnissen führen. Allmähliche Veränderungen erlauben es dagegen, dass sich die Beteiligten aktiv mit der neuen Situation auseinandersetzen können und lernen, Probleme durch bewusste Handlungen zu überwinden.

Auch Säuglinge und Kleinkinder sind keineswegs nur passive Wesen, die ihrer Umwelt ausgeliefert sind. Sie verfügen über vielfältige Möglichkeiten ihre Umwelt wahrzunehmen, ihre Bedürfnisse auszudrücken und aktiv auf ihre Entwicklung Einfluß zu nehmen, wenn sie dafür verständnisvolle Erwachsene finden. Die gestaltete Eingewöhnungszeit soll dem Kind die Möglichkeit geben, behutsam und allmählich in die neue Situation hineinzuwachsen, sich mit den vielfältigen neuen Eindrücken aktiv auseinanderzusetzen und Gefühle von Schmerz und Trauer bei der Trennung zu bewältigen.

In der pädagogischen Praxis finden sich gegenwärtig unterschiedliche Modelle und Konzepte zur Eingewöhnung, die von verschiedenen psychologischen und entwicklungspsychologischen Theorien und Modellen wie zum Beispiel der Psychoanalyse, der Bindungstheorie oder Familienpsychologie beeinflusst sind. Unabhängig von theoretischen Differenzen sind sich alle Konzepte darin einig, dass die Kinder während der Eingewöhnungzeit unbedingt die Unterstützung ihrer Eltern oder der Personen, die sie in den Wochen und Monaten vor Krippeneintritt primär betreut haben, brauchen. Charakteristisch für das Münchener Eingewöhnungsmodell, das in diesem Buch ausführlich beschrieben wird, ist, dass alle an der Eingewöhnung beteiligten Personen aktiv in den Prozess einbezogen werden – die Eltern und ihr Kind ebenso wie die Kindergruppe und das pädagogische Personal. Die Eingewöhnung findet überwiegend im pädagogischen Alltag statt, das Hineinwachsen in die Kindergruppe und deren Einbeziehung besitzen in diesem Modell einen großen Stellenwert. Die Eingewöhnung fokussiert nicht nur auf die Erzieherin-Kind-Beziehung.

## Warum ist eine Eingewöhnung so wichtig?

Eine gestaltete Eingewöhnung erfordert von allen Beteiligten großes Engagement. Sie verlangt von den Trägern die Bereitschaft, eine zeitliche Staffelung der Aufnahme zuzulassen und somit auf Gebühren zu verzichten. Sie setzt die Bereitschaft der jeweiligen Teams voraus, Eltern in ihre Einrichtung einzuladen und sich über mehrere Tage oder Wochen im Alltag beobachten zu lassen, und erfordert von den Eltern die Bereitschaft, mit ihren Kindern über einen Zeitraum von zwei bis drei Wochen täglich mehrere Stunden in den Einrichtungen zu verbringen. Die Gestaltung der Eingewöhnung stellt eine erhebliche »Investition« dar, die gut begründet werden muss – vor allem, weil die positiven Effekte nicht immer sofort zu erkennen sind. Eine gute Eingewöhnung zahlt sich aber auf jeden Fall langfristig aus.

## Die Kinder trauen sich, ihre Gefühle offen zu zeigen und werden weniger krank

Als in München im Jahr 1987 ein Projekt zur Qualifizierung von Kinderkrippen begann, waren nicht alle Erzieherinnen sofort von der Idee einer begleitenden Einge-

wöhnung begeistert. Es erfordert Mut, die Eltern in den Alltag einzuladen: »Wie werden die anderen Kinder reagieren, wenn plötzlich Eltern im Gruppenalltag anwesend sind? Wie werden sich die Eltern verhalten? Kann ich überhaupt noch ›normal‹ arbeiten, wenn ich mich dauernd beobachtet fühle?«

Die ersten Eingewöhnungen schienen vordergründig auch keine besonders guten Argumente für diese »Investition« zu liefern. Die Anwesenheit der Mütter schien die Kinder geradezu einzuladen, zu weinen und zu quengeln. Sie weinten keineswegs seltener als die Kinder ohne Eingewöhnung. In vielen Fällen war es sogar so, dass die Kinder ohne Eingewöhnung viel »pflegeleichter« wirkten. Sie weinten weniger, ließen alles mit sich machen und schienen die Eltern nicht zu vermissen. Aber ging es diesen Kindern wirklich gut?

Verschiedene Studien (Ahnert 1998; Beller 1994; Passauer; Wiedemann 1990; Laewen 1989) legen eine andere Interpretation nahe: Diese Kinder standen keineswegs unter geringerem Stress. Durch die große Verunsicherung, die die abrupte Trennung für sie bedeutete, waren sie kaum noch in der Lage, ihre Ängste und ihr Unwohlsein zu zeigen. Ihre großen inneren Belastungen drückten die Kinder oft indirekt aus. Laewen (1989) fand in einer Untersuchung von einjährigen Krippenkindern, dass diejenigen, die in den ersten Krippentagen von ihren Eltern begleitet wurden, in den darauffolgenden Tagen seltener krank waren als die Kinder, die sich abrupt von ihren Eltern trennen mussten. Und ging es den Kindern, die sich trauten zu weinen, schlecht? Die Forschungsergebnisse von Beller (1994) zeigen: Kinder, die allmählich mit Anwesenheit der Mutter eingewöhnt wurden, weinten in den ersten vier Wochen häufiger oder ebenso oft und zeigten Stresssymptome wie Kinder, die sich abrupt von den Eltern trennen mussten. Aber nach zwölf Monaten Krippenbesuch waren die positiven Effekte der Eingewöhnung im Gruppenvergleich immer noch signifikant. Die Kinder, die allmählich eingewöhnt wurden, hatten sich jetzt gut an die Gruppensituation angepasst, ließen sich gern trösten und zeigten weniger Stresssymptome als die Kontrollgruppe. Die Kinder, die sich abrupt von ihren Eltern trennen mussten, weinten nun häufiger, äußerten öfter Unbehagen als während der Eingewöhnungszeit und zeigten dieses Verhalten jetzt erheblich häufiger als die Kinder mit Eingewöhnung. Erstaunlich war auch die Entwicklung des prosozialen Verhaltens in der Kindergruppe. In den ersten 20 Tagen war das Interesse der Kinder an anderen Kindern annähernd gleich. Während bei den Kindern ohne Eingewöhnung das Interesse stagnierte, kletterte es bei den Kindern mit Eingewöhnung signifikant nach oben. Beller interpretiert die Ergebnisse folgendermaßen: »Wir glauben, dass die Trennungserfahrung für diese Kinder (mit Eingewöhnung) nicht schwieriger oder schmerzvoller war als für die Kinder der anderen Gruppe (ohne Eingewöhnung). Es mag jedoch sein, dass die Anwesenheit eines Elternteils es dem Kind ermöglichte, seine negativen Gefühle freier auszudrücken. Wir erwarteten, dass das Kind besser lernen kann, mit seinen Gefühlen umzugehen, wenn es sie ausdrückt und bewusst erlebt.« (Beller 1994, S. 61)

Das Ziel einer bewussten Gestaltung der Eingewöhnung für das neue Krippenkind liegt demnach nicht darin, Stresssituationen zu vermeiden und unangenehme Gefühle wie Trauer, Wut oder Sehnsucht zu verdrängen, sondern dem Kind die Möglichkeit zu geben, sich aktiv mit diesen Gefühlen auseinanderzusetzen und zu erleben, dass man auch negative Gefühle äußern darf und damit nicht auf Ablehnung stößt.

## Die Eingewöhnung stärkt die Erziehungsverantwortung der Eltern

Die Eltern sind in den ersten 18 Jahren die wichtigsten Personen im Leben von Kindern. Das Grundgesetz trägt dieser Bedeutung Rechnung und stellt die Familie unter den Schutz des Staates. Zunehmend werden aus Kindertageseinrichtungen Begegnungsstätten für Familien, weil erkannt wurde, dass Bildung, Betreuung und Erziehung und die Förderung zu einer eigenständigen und gemeinschaftsfähigen Persönlichkeit nur gelingen kann, wenn die Eltern in diese gesellschaftliche Aufgabe miteinbezogen werden. Kindertageseinrichtungen können sich in ihrem Bemühen um die Kinder nicht nur auf diese beziehen, sie müssen auch die Eltern in ihrer Erziehungsverantwortung stärken. Die gemeinsame Gestaltung der Eingewöhnung ist dafür eine sehr gute Gelegenheit.

Die Bindungsforschung konnte vielfältig belegen, dass eine sichere Bindung zu den Eltern eine gute Entwicklungsbasis für die Kinder darstellt, während unsichere oder ambivalente Bindungen die Entwicklung belasten. Nicht immer gelingt eine unbelastete Bindung zwischen Eltern und Kindern. So entstehen unsichere oder ambivalente Bindungen, wenn die Eltern nicht unmittelbar oder sehr zwiespältig auf die Bedürfnisse ihrer Kinder reagieren, weil sie vielleicht Angst haben, sie könnten ihren Säugling verwöhnen. In den meisten Eltern-Kind-Beziehungen entsteht eine sichere Bindung, indem die Eltern häufig feinfühlig auf die Bedürfnisse und Signale des Kindes reagieren. Das gesellschaftliche Umfeld, in dem die Familien leben, leistet dafür einen wichtigen Beitrag. Wenn Kindertageseinrichtungen gestaltete Eingewöhnungen mit den Eltern zum Aufnahmekriterium machen, dann zeigen sie, wie wichtig es ihnen ist, dass die Eltern feinfühlig auf das Bedürfnis ihres Kindes nach einem behutsamen Übergang eingehen. Die Eltern können ihre Verantwortung so wirklich leben und werden nicht durch ökonomische Zwänge gedrängt, die Gefühle und Bedürfnisse ihrer Kinder zu missachten. Während der Eingewöhnung erleben Eltern den Alltag einer Kindertageseinrichtung. Sie müssen also nicht blind vertrauen und können mit eigenen Augen sehen, was ihr Kind hier erfahren und erleben wird. Weil sie nicht nur auf Vermutungen oder Berichte von anderen angewiesen sind, können die Eltern begründete Entscheidungen treffen und werden nicht aus der Verantwortung für ihre Kinder gedrängt – mit dem Hinweis, sie sollten doch Vertrauen in die Einrichtung haben. Die Träger von Kindertageseinrichtungen sollten sich dieser Verantwortung bewusst sein. So erläutert Becker-Stoll: »Das NICHD Early Childcare Network (1997) hat anhand einer Stichprobe von über 1000 Kleinkindern gezeigt, dass die frühe Inanspruchnahme von Tagesbetreuung nicht grundsätzlich die Eltern-Kind-Beziehung verschlechtert: Danach war die mütterliche Feinfühligkeit die dominierende Einflussgröße auf die Bindungssicherheit der Mutter-Kind-Bindung, unabhängig davon, ob das Kind ausschließlich zu Hause oder in nicht-mütterlicher Betreuung war. Die Kombination von unfeinfühliger Betreuung sowohl zuhause als auch in außerfamiliärer Betreuung war allerdings sehr häufig mit unsicheren Mutter-Kind-Bindungen verbunden. Dies zeigt, dass schlechte Tagesbetreuung anscheinend eher von unfeinfühligen Müttern akzeptiert wird und sich diese Kombination dann besonders problematisch auf die Mutter-Kind-Beziehung auswirkt.« (Becker-Stoll 2008, S. 28)

## Die Kinder werden durch eine Eingewöhnung zu Übergangsgewinnern

Menschen durchlaufen in ihrem Leben immer wieder Übergangsphasen: Der Eintritt in die Schule, das Jugendalter, die erste Anstellung im Beruf oder die Geburt eines Kindes gelten als solche sogenannte Transitionen. Auch der Eintritt in die erste Kindertageseinrichtung wird von der Familie als Übergangsphase erlebt. Übergangsphasen sind von starken und häufig auch zwiespältigen Emotionen begleitet. Eigentlich ist man neugierig, aufgeregt und freudig gespannt auf die neuen Eindrücke und Möglichkeiten, gleichzeitig aber nervös, übersensibel und besorgt, ob alles gut wird und sich die eigenen Hoffnungen erfüllen. Die Forschung konnte zeigen, dass wir Lernerfahrungen während einer Übergangsphase auf die folgenden übertragen und diese Erfahrungen unser Verhalten, unsere Gefühle und unser Selbstbild prägen. Erleben Kinder immer wieder, dass sie mit ihrem Verhalten etwas bewirken können, Probleme aktiv angehen und in Kooperation mit anderen auch lösen können, werden sie auch in Zukunft damit aktiver umgehen. Wenn Kinder erfahren, dass ihre Bedürfnisse wahrgenommen werden, dass sie auch negative Gefühle ungestraft äußern dürfen und Widersprüche, Konflikte, Misserfolge zum alltäglichen Leben dazu gehören und nicht um jeden Preis vermieden werden müssen, werden sie kein übergroßes Harmoniebedürfnis, sondern eine gesunde Frustrationstoleranz entwickeln. Erleben sich Kinder aber immer wieder als passive Objekte, mit denen etwas gemacht wird, empfinden sie häufig, dass sie Situationen nicht selbst kontrollieren können, sondern diese von außen bestimmt werden, entsteht Hilflosigkeit. Seligman (1979) spricht in diesem Kontext von der »erlernten Hilflosigkeit«. Es besteht dann die Gefahr, dass Kinder Ereignisse, die sie eigentlich kontrollieren könnten, als unkontrollierbar wahrnehmen und es gar nicht mehr versuchen. So entsteht ein Teufelskreis, der nur schwer zu durchbrechen ist, weil die Kinder so immer weniger Erfolgserfahrungen machen. Eine gute und erfolgreiche Eingewöhnungszeit (und das bedeutet eben nicht unbedingt eine in jedem Fall harmonische und völlig problemlose Zeit) ist nicht nur eine gute Basis für den weiteren Kinderkrippenbesuch. Wenn sich Kinder als erfolgreich erleben und gestärkt aus solchen Krisen hervorgehen, werden sie auch widerstandsfähiger und kompetenter im Umgang mit weiteren schwierigen Situationen. Solche Kinder gehen als »Übergangsgewinner« aus der Transition hervor.

## Die Eingewöhnung stärkt die Kooperation zwischen Familie und Kindertageseinrichtung

Für viele Erzieherinnen und Erzieher ist die Zeit der Eingewöhnung nicht nur eine Phase großer beruflicher Anstrengung, sondern auch eine gute Chance, die Qualität ihrer Arbeit sichtbar zu machen. Eltern, die ihre Kinder mehrere Stunden täglich über einen Zeitraum von zwei Wochen in die Kindertageseinrichtung begleiten, entwickeln fast ausnahmslos eine große Hochachtung vor der Arbeit, die dort geleistet wird. Und sie erkennen auch, dass es sich hier um »Arbeit« handelt, die hohe Fachkenntnis und professionelles Engagement erfordert. »Meine Arbeit kann sich sehen lassen«, meinte eine Erzieherin stolz auf die Frage, warum sie Eltern gern in ihre Gruppe einlädt.

Die Eingewöhnung in Kooperation mit den Eltern hat nicht nur den Kindern gut getan; sie hat in den Kinderkrippen einen Qualitätsschub ausgelöst. Wer seine Arbeit erklären muss, der versteht sie selbst auch besser.

Heute sind sich Erzieherinnen und Erzieher, die mit Kleinkindern arbeiten, ihrer Aufgaben meist sehr bewusst. Sie reflektieren ihr Verhalten, dokumentieren ihre Angebote und machen ihre Entscheidungen transparent. Sie sind zu selbstbewussten Partnerinnen und Partnern der Eltern geworden.

Prokop (2008) beschreibt dieses Verhältnis zwischen Eltern und Erzieherinnen: »In diesem intensiven Austausch beginnt die Kooperationskultur zwischen den Eltern und der zukünftigen Bezugsperson des Kindes ... Entscheidend ist: Erst wenn auch die Eltern das notwendige Vertrauen in unsere Arbeit gefunden haben und alle Unsicherheiten abgebaut worden sind, kann es dem Kind gelingen, eine positive Beziehung zur verantwortlichen Bezugsperson zu entwickeln. Und nicht zuletzt ist eine gelungene Eingewöhnungsphase auch Grundlage für jede weitere kooperative Zusammenarbeit zwischen Elternhaus und Kinderkrippe.« (Prokop 2008, S. 14ff.)

## Kleinkinder lernen, Übergänge zu bewältigen

Häufig beklagen sich Erzieherinnen und Erzieher, dass die Eltern nur schwer dazu zu gewinnen sind, soviel Zeit in die Eingewöhnung zu investieren: »Das muss doch schneller gehen. Das ist doch nur der Spleen der Einrichtung. Ich kenne mein Kind doch, das macht keine Probleme.« Abgesehen davon, dass sich diese Prognose meist als falsch herausstellt, wird hier deutlich: Eltern sind nicht notwendigerweise pädagogisch ausgebildete Fachkräfte. Sie müssen über die Bedeutung pädagogischer Prozesse in Kindertagesstätten meist ebenso informiert werden wie über den Ablauf einer Rehabilitationsmaßnahme oder eines Umschulungskurses. Erzieherinnen sollten das nicht als Angriff werten, sondern als Aufforderung zur Erklärung.

Als gesellschaftliche Bildungsinstitutionen haben Kindertagesstätten die Aufgabe, Kindern Lernerfahrungen zu ermöglichen, die zu Bildung führen. Bilden können sich Kinder aber nur, wenn nicht nur das »Was« (der Lerninhalt), sondern auch das »Wie« (der Lernprozess) berücksichtigt wird. Wenn das Kind nur satt werden soll, genügt es wahrscheinlich, es zu füttern. Soll das Kind aber lustvoll, genießerisch und selbstbestimmt Essen lernen, dann sind andere Maßnahmen nötig. Wenn das Kind nur schnell angezogen werden soll, damit es möglichst rasch in den Garten kommt, dann reicht es aus, wenn eine Erwachsene es schnell anzieht. Soll es aber lernen, sich selbst anzuziehen, dann braucht es bei den Erwachsenen sehr viel Geduld. Sie haben eine völlig andere Vorstellung von Effizienz als Kinder. Während der Eingewöhnung geht es nicht nur darum, dass das Kind möglichst schnell ohne großen Kummer in der Einrichtung bleibt, sondern dass es lernt, wie man einen Übergang bewältigt. Diese Lernchance sollten Eltern ihren Kindern nicht verbauen.

## Auf welchen Grundannahmen beruht das Münchener Eingewöhnungsmodell?

Das Münchner Eingewöhnungsmodell betrachtet Eingewöhnung aus einer familien- und entwicklungspsychologischen Perspektive und weist viele Parallelen zu ökopsychologischen Modellen der Schulfähigkeit und zur Gestaltung des Übergangs von der Familie oder dem Kindergarten in die Grundschule auf. Auf unterschiedlichen Wegen kamen die Kleinstkindpädagogik und die Pädagogik des Vor- und Grundschulkindes zu ähnlichen Ergebnissen. Während die Kleinstkindpädagogik den Fokus auf den Übergang von der Familie in die Kinderkrippe legte und den Übergang von Kinderkrippe in den Kindergarten erst wenig beachtete, existierten in der Kindergartenpädagogik schon früh Überlegungen für den Übergang vom Kindergarten in die Grundschule. Dagegen waren die Überlegungen in Bezug auf den Übergang von der Familie in den Kindergarten konzeptionell immer noch wenig ausgereift.

Das hier beschriebene Konzept ist sowohl für Kleinkinder als auch für Kindergartenkinder geeignet, da die grundlegenden pädagogischen Ziele gleich bleiben – unabhängig davon, in welchem Alter sich die Kinder befinden oder welchen spezifischen Übergang sie zu meistern haben. Was sich ändert, sind die Methoden, mit denen die Ziele erreicht werden können. Im Folgenden werden wesentliche Grundannahmen dargestellt, die dieses Modell charakterisieren.

## Die Kinderkrippe – eine Bildungsinstitution

Häufig wird in Eingewöhnungskonzepten nicht zwischen den verschiedenen Betreuungsformen im Kleinkindalter differenziert. Das kann den Eindruck erwecken, als wären die Kinderkrippe oder der Kindergarten nur eine größere Tagespflegestelle mit mehr Kindern, oder ein Raum, in dem viele Ersatzomas, Ersatzmütter, Kinderfrauen, Nannys etc. die ihnen anvertrauten Kinder betreuen. Die Kinderkrippe oder die altersgemischte Kindertageseinrichtung sind dagegen mehr als außerfamiliäre Betreuungseinrichtungen. Sie sind gesellschaftliche Bildungsinstitutionen, in denen die gesetzlich garantierte Trias von Betreuung, Erziehung und Bildung gewährleistet wird. Der Eintritt in die Kinderkrippe stellt nicht nur ein neues Betreuungsarrangement für die Eltern dar. Er beinhaltet den Übergang in die erste gesellschaftliche Bildungsinstitution.

Im Auftrag der Bertelsmann Stiftung (Fritschi; Oesch 2008) wurde untersucht, welchen Einfluss die Nutzung frühkindlicher Bildungs- und Betreuungsangebote auf den späteren Schulbesuch der Kinder hat. Die Analyse bezog sich nur auf Krippenangebote und die Jahrgänge 1990 bis 1995 von in Deutschland geborenen Kindern. Die Ergebnisse überraschten: Die frühkindliche Bildung hat einen hohen Einfluss auf die Bildungswege der Kinder. Für den Durchschnitt der Kinder erhöht sich die Wahrscheinlichkeit, ein Gymnasium zu besuchen, von 36 auf rund 50 Prozent, wenn sie vorher eine Krippe besucht hatten. Die Verbesserung der Bildungschancen durch den Krippenbesuch liegt für benachteiligte Kinder sogar noch höher als für den Durchschnitt. Von den benachteiligten Kindern, die eine Krippe besucht haben, gehen rund zwei Drittel mehr von ihnen auf das Gymnasium. Bei den nichtbenachteiligten Kindern besuchen diejenigen, die in einer Krippe waren, zu fast zwei Fünftel mehr das Gymnasium als »Nicht-Krippenkinder«.

Der Ausbau von Kinderkrippenplätzen ist also nicht nur eine sozialpolitische oder frauenpolitische Maßnahme; er bedeutet vor allem eine bildungspolitische Maßnahme, mit der die Benachteiligung von Kindern im Bildungsbereich abgebaut werden kann. Wie sich Kinder in den Kinderkrippen bilden und welche Rahmenbedingungen dafür nötig sind, wird derzeit in vielen Veröffentlichungen deutlich (zum Beispiel Schäfer 2008; von der Beek 2007; Winner 2008).

## Kompetente Säuglinge – kompetente Erwachsene

Professionelles Verhalten wird immer getragen von einer bewussten oder unbewussten Grundhaltung gegenüber den Menschen, die uns begegnen. Diese Haltung beeinflusst bereits unsere Wahrnehmung. Als soziale Wesen sind wir darauf angewiesen, das Verhalten unserer Mitmenschen zu verstehen – und so beobachten wir nicht nur, wir interpretieren auch sehr schnell. Heute betonen alle Bildungspläne und Konzepte im Bereich der frühen Kindheit, dass sie einen kompetenten Säugling im Blick haben, wenn sie von Bildung, Erziehung und Betreuung sprechen. Doch im Grunde genommen sind es drei Interpretationsmuster, die das erzieherische Verhalten prägen, und mindestens zwei, die die pädagogischen Konzepte durchziehen. Diese Interpretationsmuster werden häufig als die »Bilder vom Kind« bezeichnet. Die Reaktionen von Erwachsenen auf kindliche Aktionen lassen folgende Vorstellungen und Bilder erkennen, mit deren Hilfe das Verhalten interpretiert wird:

### Bild 1: Der Säugling – ein hilfloses Baby
Dieses Bild wird geprägt von der Vorstellung, dass das Kind »leer« und hilflos auf die Welt kommt. Es ist vollkommen abhängig und kann seine individuellen Bedürfnisse weder erkennen noch äußern. Es braucht einen Erwachsenen, der weiß, was ein »durchschnittliches« Kind wann und wie braucht. Erst durch die Hilfe des Erwachsenen, der dieses leere Gefäß füllt, die »tabula rasa« beschreibt, reift der Mensch zu einem kompetenten, autonomen und aktiven Erwachsenen. Dem allmächtigen Erwachsenen steht ein hilfloses Kind gegenüber.

### Bild 2: Der Säugling – ein triebgesteuerter Teufel

Dieses Bild wurde vor allem von der »schwarzen« Pädagogik propagiert. Es durchzieht viele Horrorfilme über Monsterkinder, erfährt gerade eine Renaissance in Sendungen wie Super Nanny und Co. und bestimmt durchaus noch die alltagspädagogischen Vorstellungen von Erwachsenen. Die Botschaft lautet: Das Kind kommt mit Erbschuld beladen auf die Welt und wird von Trieben und teuflischen, bösen Mächten beherrscht. Nur ein Erwachsener, der gegen diese Mächte mit aller Gewalt ankämpft, kann es erziehen. Und nur durch den strengen, kontrollierenden und strafenden Erwachsenen verliert das Kind seine wilden und rohen Eigenschaften und wird zum moralisch gefestigten Erwachsenen. Dem allmächtigen Kind steht ein oft hilfloser, aber aggressiver Erwachsener gegenüber. Dieses Bild hat viel Unheil und Kummer gebracht und den Kindern großes Leid bereitet. Das ausdauernde und interessierte Forschen von Kleinkindern wurde vor dieser Folie oft als absichtsvoll böse interpretiert: Beispielsweise, wenn ein Kind immer wieder einen Gegenstand aus dem Kinderwagen wirft, um festzustellen, dass dieser auch immer wieder herunterfällt, und sich dann über die Kooperation der Erwachsenen freut, die ihn auch immer wieder aufheben. Häufig interpretieren Erwachsene dieses Verhalten so: Das Kind will mich ärgern und sogar die Freude, die das Kind beim Tun zeigt, wird oft als Bosheit bewertet.

### Bild 3: Der kompetente Säugling

Dieses Bild ist keineswegs eine Entdeckung der modernen Säuglingsforschung, auch wenn sie viel zur wissenschaftlichen Bestätigung dieser Anschauung beigetragen hat. Große Künstler und Genies haben die Kompetenzen von Kindern schon immer bewundert. So soll Picasso gesagt haben: »Ich konnte schon mit sechs Jahren malen wie Raffael, aber ich musste viele Jahre alt werden, um malen zu können wie ein Kind.« Und Goethe schrieb: »Wer sich mit reiner Erfahrung begnügt und danach handelt, der hat Wahres genug. Das heranwachsende Kind ist weise in diesem Sinne.« Kinder kommen nicht als hilflose Babys auf die Welt, sondern als individuelle Persönlichkeiten. Sie besitzen von Geburt an vielfältige Kompetenzen. Sie sind aktiv, stark, reich, mächtig und klug. Sie nehmen ihre Umwelt nicht nur passiv auf, sondern steuern ihre Wahrnehmung aktiv und bestimmen ihre Entwicklung mit. Kinder sind nicht dümmer oder klüger als Erwachsene, sie sind auf eine andere Weise klug. Kinder brauchen Erwachsene, die sich auf ihre Individualität einlassen, die das Kind verstehen wollen und ihm partnerschaftlich begegnen. Dem kompetenten Kind steht ein selbstbewusster, kompetenter Erwachsener gegenüber. Die Beziehung basiert auf Gleichrangigkeit, aber nicht auf Gleichheit.

Diese drei Vorstellungen ergeben die Koordinaten und bilden so den Handlungsraum, in dem sich pädagogisches Tun vollzieht. Auch wenn Eltern und Erzieherinnen versuchen, die Konzepte und ihr Verhalten auf das dritte Bild abzustimmen, sollten sie sich bewusst sein, dass alle drei Bilder in ihnen leben. Unreflektiert bewerten Erwachsene Verhalten, indem sie sagen: »Der könnte doch, der will nur nicht.« »Wie kann man nur so dumm sein.« »Der ist stinkend faul.« »Das macht die mit Absicht, aus purer Bosheit.« – oder: »Der tanzt der Mutter doch nur auf der Nase herum«, wenn sich der Sohn schwer von ihr trennen kann.

Diese Bilder wirken in allen sozialen Situationen: Erzieherinnen machen sich ein Bild von Eltern und Eltern machen sich ein Bild von Erzieherinnen – und alle sehen die Kinder auf ihre individuelle Art. Wenn wir eine Erziehungs- und Bildungspartnerschaft anstreben, sollten wir darauf achten, unser Gegenüber als kompetente Person mit Stärken und Schwächen wahrzunehmen.

So formuliert Roger Prott als ein Prinzip für eine erfolgreiche Zusammenarbeit zwischen Kindertageseinrichtung und Eltern: »Akzeptieren Sie, dass wirklich fast alle Kinder, fast alle Eltern und fast alle Erzieherinnen in ganz normalen Umständen leben – jedenfalls entsprechend dem, was die Gesellschaft an Bandbreite zulässt ... Eltern repräsentieren – bis auf wenige Ausnahmen – die Spanne der gesellschaftlichen Praxis im Umgang mit Kindern. Sie mögen alle anders handeln als professionelle Erziehungsberater dies für qualitativ gute Elternschaft nach ihren Standards einschätzen, aber die Eltern erziehen ihre Kinder entsprechend dem allgemeinen Verständnis darüber und den Gesetzen entsprechend. Es gibt keinen Grund, die Mehrzahl der Eltern als schlechte Eltern in einen Topf zusammen zu werfen. Und es gibt keine Notwendigkeit dafür, als Erzieherin in andauerndem Alarmzustand zu sein.« (Prott 2003, S. 8)

## Krisen – Teil jeder Entwicklung

Krise? Dieses Wort passt doch nicht zu Kindheit. Es gehört in die Welt der Erwachsenen – und Krisen sind unerwünscht. Erwachsene wollen keine Krisen, sie wollen Harmonie und glückliche Kinder. Eine glückliche Kindheit und eine allseitige und harmonische Entwicklung – ist das nicht das Ziel einer kindgerechten Pädagogik? Die Antwort lautet: ja und nein. Natürlich brauchen Kinder stabile Phasen, Zeiten, in denen sie sich vom Entwicklungsdruck ausruhen, ihre Fähigkeiten genießen und sich auf sicherem Terrain bewegen können und kein Risiko eingehen müssen. Entwicklung findet in solchen Zeiten aber kaum statt, denn Entwicklung und

Harmonie sind ein Widerspruch in sich. Harmonie ist ein bewegungsloser Zustand, alles ist im Gleichgewicht, alles bleibt wie es ist, nichts verändert sich – das wahre Paradies, schön aber langweilig.

Kinder entwickeln sich in der aktiven Auseinandersetzung mit sich selbst und ihrer Umwelt. Dabei entstehen stets neue Bedürfnisse, die sie mit ihren momentanen Fähigkeiten und Möglichkeiten noch nicht befriedigen können, und es entstehen Konflikte mit neuen Anforderungen der Umwelt und mit sich selbst. In diesem Widerspruch liegt eine wichtige Triebkraft für Entwicklung. Der Mensch ist nicht in erster Linie ein bedürfnisbefriedigendes Wesen, sondern ein bedürfnisproduzierendes Wesen. Dieses Entwicklungsprinzip können wir beobachten: Entwicklung ist anstrengend und macht Mühe. Manchmal wirken Kinder besonders unruhig und gereizt; sie scheinen völlig aus dem Gleichgewicht zu sein. Den Erwachsenen scheint dieses Verhalten oft unerklärlich. Sie wissen ja nicht, dass sich das Kind vor einem neuen Entwicklungsschritt befindet. Wygotski beschreibt in »Die Krise des Einjährigen« das Laufenlernen in diesem Kontext: »Im Mittelpunkt steht das Laufen lernen, jene Periode, in der man nicht sagen kann, das Kind läuft bereits oder läuft noch nicht. Es geht um das im Entstehen begriffene Laufen... : Es ist da und es ist nicht da.« (Wygotski 1987, S. 163) Manchmal werden Kinder dann sogar richtig krank. Sie brauchen eine Pause im Entwicklungsdruck. Und dann laufen sie und ernten voller Lust die Früchte des Lernens. »Nach jeder dieser Umbruchphasen erwecken die Kinder den Eindruck, dass in ihrem subjektiven Selbst und der anderen große Veränderungen stattgefunden haben. Plötzlich wirken sie wie verwandelt.« (Stern 1994, S. 22) Sie sind wieder im Gleichgewicht. Diese krisenhaften Übergangsprozesse, in denen das Kind zum Beispiel ein nicht mehr nur krabbelndes, aber auch noch nicht ein wirklich laufendes Kind ist, wurden in der Psychologie und Pädagogik oft vernachlässigt. »Auch die bekannten Stufenmodelle der früheren Entwicklungspsychologie befassten sich weniger mit den Prozessen des Übergangs selbst, sondern betonten eher die zwischen den Übergängen liegenden, relativ statisch gesehenen Entwicklungsabschnitte. Der Eintritt in jede neue Altersstufe wurde als innere Wende und psychischer Übergang postuliert, ohne die angedeuteten Veränderungsprozesse zu erklären oder zu beschreiben.« (Griebel; Niesel 2004, S. 22)

### Transitionsforschung – Ziele für die Eingewöhnung

Die Transitionsforschung widmet diesen Übergangsphasen eine besondere Aufmerksamkeit und versucht ein Bindeglied zwischen Soziologie und Psychologie herzustellen. Kinder leben heute in einer Welt voller Umbrüche und Veränderungen. Eltern trennen sich und finden neue Partner, Familien müssen Arbeitsplätzen hinterherwandern, Wohnorte und Freunde ändern sich. Während in der psychologischen Forschung häufig die Risiken dieser Veränderungen im Vordergrund stehen, nimmt die Transitionsforschung stärker die Chancen der Übergangsphasen in den Blick. Sie stellt Forschungsergebnisse zur Verfügung, die Erziehenden helfen, die Kinder in solchen Phasen zu stärken und die Lern- und Entwicklungschancen zu nutzen. Ziel einer solchen Pädagogik ist es nicht, den Übergang möglichst schnell und »problemlos« zu überwinden, sondern den Betroffenen die Zeit und Unterstützung zu geben, selbst aktiv den Übergang zu bewältigen und sich in diesem Prozess als erfolgreich zu erleben. Dies schafft eine gute Basis für die Bewältigung weiterer Übergangsphasen.

Nicht jede Entwicklungskrise stellt im Sinne der Transitionsforschung einen Übergang dar. Mit Transitionen oder Übergangsprozessen werden krisenhafte, zeitlich begrenzte Phasen in der Entwicklung von Menschen bezeichnet, die durch erst- oder einmalige markante Ereignisse ausgelöst werden. Solche Ereignisse können der Eintritt in die Kinderkrippe, die Geburt eines Geschwisterkindes oder die Trennung der Eltern sein. Übergänge begleiten unser ganzes Leben. In vielen Kulturen gibt es Rituale, die Übergänge markieren und die sozialen Netze zur Unterstützung mobilisieren, zum Beispiel der Eintritt in den Kindergarten, die Einschulung, die Jugendweihe, die Konfirmation, die Firmung, die Abschlussprüfung, die Hochzeit, der Renteneintritt, die Trauerfeier. Der Blick ist dabei nicht nur auf das Individuum, sondern auf die soziale Gemeinschaft (zum Beispiel die Familie) gerichtet. Durch das markante Ereignis gerät das ganze Gefüge aus dem Gleichgewicht, und zumindest von einem Mitglied wird eine neue Rolle erwartet. Übergänge sind meist von starken Emotionen begleitet, die Alltagsroutinen passen nicht mehr; der Mensch muss sich in relativ kurzer Zeit vielen verschiedenen Anforderungen anpassen.

Die Personen erleben sich selbst meist in einem »Schwebezustand«. Sie sind nicht mehr ... und noch nicht ... Deshalb wird von Übergang gesprochen. Während der Eingewöhnungsphase erlebt sich das Kind nicht mehr nur als ein »Zuhause-Kind« und noch nicht wirklich als ein »Krippenkind«. Die Eltern fühlen sich nicht mehr ganz als »allein« Erziehende und noch nicht ganz als Krippenkindeltern. »Trennungen sind häufig für alle Beteiligten schmerzvoll und daher immer Stresssituationen. Aus diesem Grund sollte die Gestaltung der Eingewöhnung in die Krippe alle Beteiligten berücksichtigen: die verantwortlichen familiären Betreuungspersonen, das Kind, die Gruppenerzieherin, die Leiterin und die anwesenden Kinder. Die Eingewöhnung darf sich nicht nur auf das Kind beziehen, denn man hilft ihm wenig, wenn man nur auf seine Bedürfnisse eingeht, an die beteiligten Erwachsenen aber lediglich Forderungen stellt ...« (Landeshauptstadt München 1994, S. 34ff.).

Die wissenschaftlichen Forschungen der letzten Jahre (für einen Überblick eignen sich Wustmann 2004 und Griebel;Niesel 2004) liefern gute Hinweise, unter welchen Bedingungen Übergangssituationen mit größerer Wahrscheinlichkeit gut bewältigt werden:

- Das Ereignis ist erwünscht.
- Die Personen können den Übergangsprozess aktiv mitgestalten und erleben sich als lernfähig und erfolgreich.
- Sie bekommen Unterstützung durch vertraute Personen.
- Sie sind mit der Situation weitgehend vertraut, bevor sie diese allein bewältigen müssen.
- Sie finden in der neuen Situation Personen, die sie unterstützen, wertschätzen, willkommen heißen und ihre Fähigkeiten und Bedürfnisse wahrnehmen.
- Sie haben mindestens zu einer erwachsenen Bezugsperson in der neuen Institution eine verlässliche und vertrauensvolle Beziehung.
- Sie finden Herausforderungen, die sie gern meistern wollen, und sehen für sich neue Entwicklungschancen.
- Sie können unangenehme Gefühle, Ängste, Stress oder Überforderung äußern und finden Verständnis und nicht Ablehnung.

Die Sehnsucht nach Kontinuität und Harmonie bestimmte auch Elemente in Konzepten zur Eingewöhnung oder zum Übergang zum Beispiel vom Kindergarten in die Schule. Man ging davon aus, dass der Übergang besser bewältigt wird, wenn sich die Situationen

ähneln. Heute weiß man, dass Übergänge dann gut gemeistert werden, wenn die neue Situation für das Kind attraktiv ist, wenn das Kind in der neuen Situation eine entwicklungsangemessene Herausforderung entdeckt, die es reizt und die es gern meistern möchte. Im Unterschied zu veränderten Betreuungskonstellationen geht es beim Übergang Familie und Kinderkrippe eben nicht nur darum, dass das Kind Vertrauen in eine neue Betreuerin fasst und ansonsten die Situationen weitgehend ähnlich bleibt. Das Kind und die Eltern brauchen die Chance, die Kinderkrippe als attraktive Bildungsinstitution kennen zu lernen. Erst wenn das Ereignis für das Kind erwünscht wird, wird es auch gern in der Einrichtung sein.

Aus den Erkenntnissen der Tranistionsforschung lassen sich die Ziele für die Eingewöhnung ableiten. Die Kernfrage lautet: Was kann die Einrichtung tun, damit die Bedingungen geschaffen werden, unter denen eine Übergangssituation mit größerer Wahrscheinlichkeit gut bewältigt werden kann?

## Einstellungen zur außerfamiliären Betreuung von Kleinkindern – Vorurteile und Gegenargumente

Während der Eingewöhnungszeit stehen die Einstellungen zur außerfamiliären Betreuung von Kleinkindern auf dem Prüfstand. Wie der Übergang von der Familie in die Kindertageseinrichtung gelingt, wird nicht unwesentlich von den bewussten oder unbewussten Einstellungen der Beteiligten zur außerfamiliären Betreuung von Kleinkindern beeinflusst. Eine positive Einstellung kann bei den Eltern und auch nicht bei allen Erzieherinnen vorausgesetzt werden. Im Folgenden werden einige typische Vorurteile benannt und Gegenargumente erläutert.

Erzieherinnen und Erzieher können so ihre eigenen Haltungen reflektieren, Eltern bei der Klärung ihrer Einstellungen helfen und sie auch gegen Anfeindungen von »außen« wappnen.

## Vorurteil 1: Kleinkinder können mit anderen Kindern noch nichts anfangen

Lange Zeit glaubten auch Entwicklungspsychologen, dass Kleinkinder mit anderen Kindern und vor allem mit Gleichaltrigen noch nichts anfangen können. Man schloss dies unter anderem auch aus dem Spielverhalten: Kleinkinder beschäftigen sich mit großer Ausdauer mit für sie interessanten Materialien. Für dieses forschende Spiel, dachte man, können Kleinkinder nur Erwachsene brauchen, die ihnen das Material anbieten und geduldig assistieren. Spielten mehrere Kleinkinder in einem Raum, beschrieb man das gezeigte Verhalten als »Parallelspiel«. Es erschien den Erwachsenen so, als würden die Kinder nebeneinander das Gleiche tun, ohne sich kooperierend aufeinander zu beziehen. Die Mitarbeiterinnen und Mitarbeiter in Kleinkindergruppen können hier ganz andere Ergebnisse berichten. Es ist keineswegs unerheblich für Kinder, ob sie allein mit einem Gegenstand hantieren oder andere Gleichaltrige im Raum anwesend sind:

Erstes Beispiel: Drei etwa acht Monate alte Kinder sitzen um ihre »Schatzkiste«. Diese ist mit verschiedenen Alltagsmaterialien gefüllt, die die Sinne der Kinder anregen – ein großer Pinienzapfen, ein kleiner Schneebesen, ein kleiner, aber schwerer Glaskerzenhalter, eine Biozitrone usw. Tom kaut genüsslich an dem Schneebesen, während Lisa versucht, mit dem Glaskerzenhalter im Gleichgewicht zu bleiben. Geschickt balanciert sie das Gewicht mit dem freien Arm aus. So kommt sie schließlich ganz nahe an Tom heran und streckt die freie Hand nach dem Schneebesen aus. Für kurze Zeit entsteht eine Verbindung zwischen den beiden über den Schneebesen. Erstaunt halten sie beide daran fest. Lisa lässt ihren Glasgegenstand zu Boden sinken, verliert dabei aber auch den Kontakt mit dem Schneebesen. Mit beiden Armen rudert sie, aber Tom behält den Schneebesen für sich und Lisa sucht sich eine neue Sache aus dem Korb.

Zweites Beispiel: Die Erzieherinnen bieten in ihrer Kooperationseinrichtung immer wieder auch Spielanlässe für altershomogene Kindergruppen. Heute treffen sich sechs Kinder im Alter zwischen zwölf und 15 Monaten in einem Raum. Die Erzieherinnen haben all die Materialien ausgebreitet, die für Kinder in diesem Alter besonders interessant sind und mit denen sie ungestört experimentieren können: verschieden große Dosen, Plastikflaschen mit Schraubverschlüssen, Rohre aus fester Pappe und viele Gegenstände, die sich zum Einfüllen und Ausschütten eignen. Agnes steht schon sehr sicher auf ihren Beinen. Aufrecht stehend setzt sie sich eine große Dose auf den Kopf. Dabei entdeckt sie, dass die silbrige Oberfläche spiegelt. Sie klopft auf die Fläche, dabei entsteht ein Geräusch. Agnes freut sich sehr über die Wirkung, schaut sich strahlend um und erhält die Aufmerksamkeit anderer Kinder. Diese nehmen sich nun auch Dosen und klopfen rhythmisch darauf herum – alle strahlen. Schließlich führt ein Kind eine Dose zum Mund, so als wolle es trinken, und ruft in die Dose hinein. Auch diese Anregung wird aufgegriffen. Alle rufen nun in ihre Dosen und sind sehr erfreut über die Wirkung.

1946 gründete die berühmte ungarische Kinderärztin Emmi Pikler ein Säuglingsheim in Budapest, das Loczy. Von Beginn an achtete sie darauf, dass das Leben und

Spiel der Kinder vielfältig dokumentiert wurde. Diese Aufnahmen zeigen, wie sehr sich auch wenige Monate alte Kinder auf andere Kinder beziehen, sie interessiert beobachten, sich gegenseitig anblicken oder aufeinander zubewegen und miteinander umgehen – so gut sie das eben schon können (Pikler 2001). In seinem Buch »Die Psychologie des Spiels« definiert Oerter deshalb das immer noch so bezeichnete Parallelspiel neu: »Als zweites Merkmal vorbereitenden gemeinsamen Gegenstandsbezugs lässt sich beim Parallelspiel eine besondere Form der Interaktion festellen. Die Kinder beobachten ihr Tun wechselseitig und imitieren sich. Sie lernen vom anderen dessen Umgang mit dem Gegenstand kennen und probieren die beobachteten Handlungsmöglichkeiten am eigenen Gegenstand aus.« (Oerter 1993, S. 98) Der Terminus »Parallelspiel« ist also überholt, denn Kleinkinder begegnen und berühren sich. Sie tun dies im Explorationsspiel, im Bewegungsspiel, im Symbolspiel und schließlich im Konstruktions- und Rollenspiel. Auch wenn Kleinkinder manchmal unsanft miteinander umgehen, weil sie ihre Bewegung noch nicht so gut steuern können, empfinden Kleinkinder Gleichaltrige nicht als bedrohlich. Sie brauchen für ihr gemeinsames Spiel nur Erwachsene, die auf sie aufpassen, im Notfall einschreiten und ihnen Sicherheit geben.

Aber nicht nur im Spiel profitieren Kinder von anderen Kindern. In vielen Bereichen, etwa in der Körperpflege, beim Essen, Anziehen und im Bad, lernen die Kinder scheinbar beiläufig und problemlos von den anderen Kindern. Die Reggiopädagogik spricht deshalb davon, dass Kinder in den Einrichtungen drei Erzieher vorfinden: Der erste Erzieher sind demnach die anderen Kinder, erst der zweite Erzieher sind die erwachsenen Pädagoginnen und Pädagogen und der dritte Erzieher sind die Räume. (Lingenauber 2004)

## Vorurteil 2: In den ersten zwei Lebensjahren sollten die Kinder vor allem Kontakt zu ihren Eltern haben

Hinter dieser Aussage steckt meist ein Bild von einem hilflosen, passiven und »leeren« Säugling, von einer »physiologischen Frühgeburt«, die erst mit einem Jahr wirklich ausgereift und überlebensfähig ist. Heute wissen wir, dass Säuglinge bereits bei der Geburt individuelle Persönlichkeiten sind, mit persönlichen Vorlieben, Eigenschaften und Temperamenten (Sander, L. 2009). Von Geburt an sind sie aktiv neugierig und wissbegierig. Sie wissen bereits viel über sich selbst und drücken ihre Bedürfnisse in hundert Sprachen aus, wie Loris Malaguzzi, der »Vater« der Reggiopädagogik in seinem Gedicht erläutert (Malaguzzi 1985). Es gibt keine »vorsprachliche« Phase. Erziehung und Betreuung erfordern von Geburt an den Dialog mit dem Säugling, der sich von der ersten Minute an bildet. Es genügt also nicht, wenn die Erwachsenen wissen, was ein »normales« Menschenbaby in welchem Alter im Durchschnitt braucht. Sie müssen sich auf dieses besondere Kind einlassen (Beller 2000). Alle Kinder geben ihren Eltern manchmal Rätsel auf, immer wieder sind Eltern unsicher, ratlos und manchmal sogar verzweifelt. Es ist hilfreich, wenn die Familien nicht allein gelassen werden und alles aus eigener Kraft leisten müssen. Viele junge Familien suchen den Kontakt zu anderen; Säuglingsgruppen und Elternkurse finden großen Zuspruch. Es ist sehr entlastend zu erfahren, dass auch andere Kinder nicht durchschlafen, auch andere Kinder Blähungen haben, Zahnen und ab und zu Durchfall bekommen.

Eine afrikanische Weisheit lautet: »Um ein Kind zu erziehen, braucht es ein ganzes Dorf.« Aber nicht nur die Familien brauchen dieses Dorf, auch das Dorf braucht die Familie. Es ist für das Klima in einer Gesellschaft sehr wichtig, dass alle Verantwortung für die Kinder übernehmen und die Betreuung, Erziehung und Bildung nicht nur auf die Eltern abgeschoben wird. Eine kinderfreundliche Gesellschaft ist eine menschenfreundliche Gesellschaft.

Kinder, die zu mehreren Personen Kontakt haben, wachsen »mehrsprachig« auf – auch wenn die anderen nur eine Nationalsprache benutzen. Kommunikation gelingt dann, wenn man versteht, was der andere meint und nicht nur hört, was der andere sagt. Was wir meinen, unsere kommunikativen Absichten drücken wir in hundert Sprachen aus, über Mimik, Gestik, Handlung, Sprache, Schweigen, Lächeln etc. Um zu verstehen, müssen wir uns auf den anderen einlassen, wir müssen uns in ihn hineindenken und mitfühlen. Und wir müssen die Sachverhalte verstehen, die Welt kennen, in der wir uns bewegen. Sprachkompetenz wächst in dem Dreieck »Weltwissen – Beziehungswissen – Sprachwissen«. (Winner 2012). Schon wenige Wochen alte Kinder spüren, dass sie auf verschiedene Personen unterschiedlich wirken und diese unterschiedlich auf sie reagieren. Wenn dieser Personenkreis eine überschaubare Größe behält und annähernd stabil bleibt, lernt das Kind schnell, wie es sich bei welchem Kommunikationspartner ausdrücken muss, um zu bewirken, was es will. Und umgekehrt können die verschiedenen Personen dem Kind auch ganz unterschiedliche Erfahrungen ermöglichen: Die Oma wird vielleicht geduldig immer wieder antworten, wenn der Zeigefinger von einem Gegenstand zum nächsten wandert und mit einem »da« eine Antwort gefordert wird. Die Mutter wird möglicherweise »wilder« spielen und ihre eigenen Gedanken in Worte fassen. Die Erzieherin wird dem wütenden Kind nicht mit eigener Wut antworten, sondern versuchen, die Gefühle des Kindes zu intonieren, indem sie die Empfindungen in Worte fasst: »Das ärgert dich jetzt richtig, das ist nicht schön, dass die

Burg kaputt gegangen ist.« Und das andere Krippenkind wird vielleicht nach der Hand des Kindes greifen und mit dem Körper sprechen. Brodin und Hylander sehen in dieser Verschiedenheit eine Chance für die Entwicklung von Kindern: »Begegnet ein Kind bereits in einer sehr frühen Phase vielen Menschen und erfährt dabei unterschiedliche Nachrichten über sich selbst, so erhält es ein breites Spektrum, das seine Empfindungen bestätigt. Viele dem Kind innewohnenden Fähigkeiten werden in einem selbst bereichernden Prozess geweckt. Die Bedeutung, die Kinder füreinander in diesem Prozess haben, wird unterschätzt. Vergessen wird dabei, dass das, was Kinder miteinander teilen, sich häufig von dem, was sie mit Erwachsenen teilen, deutlich unterscheiden kann.« (Brodin; Hylander 2002, S. 84)

### Vorurteil 3: In der Kinderkrippe können die Bedürfnisse der einzelnen Kinder nicht befriedigt werden

Dieses Vorurteil wird von einem idealisierten Familienbild und von einer sehr schematischen Übertragung familiärer Bedingungen auf die Kinderkrippe genährt. Eine gute Familie muss sich nicht an den Qualitätskriterien für eine gute Kinderkrippe messen lassen und umgekehrt. Die Frage kann also nicht lauten: »Geht es Kindern in der Familie oder in der Kinderkrippe besser?« Die Frage muss heißen: »Wie muss eine Kinderkrippe aussehen, damit es Kindern dort gut geht?«

Mit einer pauschalen Ablehnung haben es sich Gegner der Kinderkrippenbetreuung wie zum Beispiel Johannes Pechstein (1990) sehr leicht gemacht. Weil sie eine Kinderkrippenbetreuung grundsätzlich ablehnten, mussten sie sich mit geeigneten Rahmenbedingungen nicht auseinander setzen und so auch keine politischen Forderungen im Interesse der Kinder, die in Kinderkrippen betreut wurden, stellen. Durch das Engagement von

Eltern, Erzieherinnen und Erziehern, Wissenschaftlerinnen und Wissenschaftlern, aber auch von Trägern, politischen Gremien und öffentlichen Verwaltungen haben sich die Kinderkrippen in Deutschland in den letzten Jahren zu überwiegend qualitativ hochwertigen Bildungseinrichtungen für Kleinkinder entwickelt. Die notwendigen Rahmenbedingungen wurden definiert, auch wenn sie noch nicht überall realisiert wurden und immer wieder neu erkämpft werden müssen.

Als erste Bildungseinrichtung ist die Kinderkrippe nicht deshalb für Kleinkinder attraktiv, weil dort das Gleiche passiert wie Zuhause, sondern weil etwas anderes passiert als Zuhause. Deci und Ryan (1995) unterscheiden drei psychische Grundbedürfnisse bei Kindern: das Bedürfnis nach Zugehörigkeit, Schutz und Bindung, das Bedürfnis nach Kompetenz und das Bedürfnis nach Autonomie. Kinder fühlen sich nur dann wohl und können sich nur dann gut entwickeln, wenn alle drei Bedürfnisse in gleichem Maße befriedigt werden. Kinder ebenso wie Erwachsene erwarten aber nicht, dass alle Bedürfnisse an allen Orten auf die gleiche Art befriedigt werden können. Es zeigt sich vielmehr, dass auch kleine Kinder schon von unterschiedlichen Situationen Unterschiedliches erwarten und diese Unterschiede genießen. Sie brauchen gute Erzieherinnen aber keine Ersatzmütter, sie brauchen gute Kinderkrippen aber keine Zweitkinderzimmer. Sobald Kinder ein gewisses Zutrauen in die Kinderkrippe als Institution gefasst haben, erhoffen sie sich hier auf andere Art einen Kompetenzgewinn, eine Erweiterung ihrer Autonomie und eine gute Betreuung. Das führt oft zu Missverständnissen und Konflikten unter Erwachsenen, wenn sie sich dieser wichtigen Unterschiede nicht bewusst sind (Winner 2003). So sind Erzieherinnen manchmal verärgert, wenn sie beobachten, wie die Mütter ihre Kinder anziehen, he-

rumtragen oder ihnen gleich einen Schnuller anbieten, obwohl die Kinder sich in der Kinderkrippe selbstständig anziehen, selber laufen und viel seltener nach dem Schnuller fragen. Ebenso sind Eltern besorgt, wenn sie erleben, dass die Erzieherin die Kinder ermuntert, Konflikte selbst zu lösen, nicht gleich aufspringt, wenn ein Kind weint, oder nicht Partei für einzelne Kinder ergreift.

Manche Kleinkinder führen über Wochen ein »Doppelleben«: Sie lassen sich zuhause füttern und verwöhnen und essen in der Kinderkrippe anstandslos mit dem Löffel. Die Kinder nutzen einfach die Chancen und Vorzüge, die die verschiedenen Lebensbereiche bieten. Sie benutzen Erzieherinnen als Erzieherinnen und Mütter als Mütter und sind hier oft viel klarer in ihrem Verhalten und in ihren Empfindungen als Erwachsene. Der Besuch der Kinderkrippe ist für die Kinder dann besonders produktiv, wenn diese eine qualitätsvolle Kleinkindpädagogik lebt und nicht eine schwache Kopie der Familie darstellt (Gutknecht 2012).

Kindern sollen in die moderne Gesellschaft hineinwachsen, damit sie in ihr gut leben und sie gut gestalten können. Wir leben heute in einer Dienstleistungsgesellschaft. Vieles, was früher im privaten Rahmen geleistet wurde, wird heute von ausgebildeten Fachkräften gegen Bezahlung verrichtet. Wir lassen uns die Haare beim Frisör schneiden, das Brot vom Bäcker backen, nutzen die Fachkompetenz von Ärztinnen und Zahnärzten, Kosmetikerinnen, Massörinnen usw. Das hat Vorteile. Einzelne Personen können sich auf einem Gebiet spezialisieren und so eine höhere Fachkompetenz erreichen. Das Angebot ist klar umschrieben und gut verfügbar, und es gibt allgemein verbindliche Qualitätsstandards. Bei diesen Dienstleistungsangeboten begegnen sich Menschen. Es besteht deshalb immer auch das Risiko, dass unterschiedliche Erwartungen aufeinanderprallen oder Grenzen nicht eingehalten werden. Kinder entwickeln hier sehr schnell ein feines Gespür. Sie akzeptieren zum Beispiel eine auch schmerzvolle Behandlung von einem Arzt, weil er Arzt ist, bei der Mutter würden sie zu Recht protestieren. Sie akzeptieren, dass die Erzieherin unparteiisch ist und allen Kindern in gleichem Maße hilft. Von der Mutter erwarten sie dagegen Parteinahme. Sie darf ihre Aufmerksamkeit und ihre Zuwendung nicht einfach teilen, wie folgendes typische Beispiel zeigt: Die Mutter betritt den Gruppenraum, um ihre einjährige Tochter Julia abzuholen. Julia bemerkt die Mutter, bleibt aber bei ihrem Spiel. Die Mutter steht geduldig im Raum und wartet. Schließlich kommt eine zweite Mutter dazu und beide Frauen beginnen ein Gespräch. Schnell krabbelt Julia auf die Mutter zu und hängt sich an ihr Bein. Sie soll ihr aufmerksam zuschauen und nicht mit einer anderen Person sprechen.

## Von der Gastgeberin zur Partnerin – die Rollen der Bezugserzieherin

Eingewöhnungszeiten sind Phasen großer Aufregung, großer Unsicherheiten bei Kindern und Eltern und für die pädagogischen Fachkräfte Phasen hoher Anstrengungen, hoher professioneller Anforderungen. Immer wieder neu muss sich eine Erzieherin auf individuelle Eltern und Kinder mit all ihren Wünschen, Bedürfnissen und gemischten Gefühlen einlassen. Auch wenn Eltern und Kinder mitwirken, ist es doch die Aufgabe der pädagogischen Fachkräfte den Transitionsprozess zu planen, zu leiten, zu moderieren. Es ist für die eigene Berufsgesundheit unerlässlich, dass sich Erzieherinnen und Erzieher ihrer Rolle und ihrer Aufgaben klar bewusst sind. Je jünger die Kinder sind, mit denen sie arbeiten, umso genauer müssen die Fachkräfte ihre Gefühle kennen und reflektieren.

In den meisten Einrichtungen werden für die Eingewöhnungen Bezugserzieherinnen oder Bezugserzieherinnenteams bestimmt. Diese sind Ansprechpartner für die Eltern und Kinder und sollen helfen, die Fülle an Angeboten, Personen und Informationen für die Neuen durchschaubar zu machen. In diesem Sinne sind sie Gastgeber. Und eine gute Gastgeberin achtet darauf, dass ein neuer Besucher sich wohl fühlt. Sie hilft ihm, sich in den Räumen zurechtzufinden, stellt andere Gäste oder Gastgeber vor und freut sich, wenn der neue Besucher Kontakt zu anderen aufnimmt.

Im weiteren Verlauf verändert sich dann die Rolle der Bezugserzieherinnen. Sie werden zu Partnerinnen für die Eltern und zu vertrauten Bezugspersonen für die Kinder. Zwischen den Kindern und der eingewöhnenden Erzieherin entsteht eine vertrauensvolle Beziehung. Das Kind erfährt, dass es sich auf diese Person verlassen kann, dass sie sich verbindlich an die Abmachungen hält und ihm Sicherheit gibt. Die Bezugserzieherin steht hier stellvertretend für alle Mitarbeiterinnen in der Einrichtung, die das Kind später kennenlernen und auf die es das Vertrauen übertragen wird. Die Beziehung zwischen Bezugserzieherin und Kind ist also den Beziehungen der Kinder zu den professionellen Mitarbeiterinnen ähnlich, gestaltet sich aber ganz anders als die Beziehung, die Mutter und/oder Vater zu ihrem Kind haben. Viele Eltern erleben die Übergangsprozesse, in denen sich ihre Kinder befinden, mit gemischten Gefühlen. Sie sollen ihre Kinder in diesen Phasen begleiten und unterstützen und sind doch selbst betroffen. Sie wollen einerseits, dass sich ihre Kinder in der neuen Einrichtung wohl fühlen und schnell eingewöhnen. Gleichzeitig stellt sich vielen Eltern meist unbewusst die bange Frage: Was bleibt mir noch, wenn mein Kind ein Krippenkind, ein Kindergartenkind, ein Schulkind ist? Die pädagogischen Fachkräfte können Eltern entlasten und unterstützen, wenn sie ihnen immer wieder zeigen, dass sie den Eltern nichts wegnehmen und keine noch so professionelle und liebevolle Fachkraft Mutter und/oder Vater ersetzen kann. In dieser sensiblen Phase sollten Erzieherinnen und Erzieher alles vermeiden, was Eifersucht oder Konkurrenz bei den Eltern schüren könnte. Kein Kind sollte während der Eingewöhnung in einen Zwiespalt geraten und eine Botschaft spüren, die es glauben macht, es müsse sich zwischen Eltern und Erzieherin entscheiden. Diese so wesentliche pädagogische Grundhaltung sollten sich Fachkräfte immer wieder bewusst machen, denn sie drücken eigene Ambivalenzen nicht immer in Worten, aber oft in ihrer Körpersprache aus.

## Eltern-Kind-Bindung – Erzieherin-Kind-Beziehung

Erzieherinnen und Erzieher lieben Kinder – Eltern lieben ihr Kind. Diese Aussage ist keine sprachliche Spitzfindigkeit. Sie beschreibt sehr gut einen wesentlichen Unterschied in den Beziehungen. Erzieherinnen und Erzieher lieben Kinder, so wie Dirigenten die Musik lieben, Automechanikerinnen Motoren und Mathematiker Zahlen. Weil sie Kinder lieben, beschäftigen sich die pädagogischen Fachkräfte gern mit ihnen, sie beobachten sie gern, lernen sie immer besser zu verstehen und überlegen, diskutieren und planen immer wieder, wie sie Kinder gut in ihrer Entwicklung fördern können. Wie in allen Berufen ist es auch im Erziehungsberuf gut, wenn man seine Leidenschaft, seine Neigung zum Beruf machen kann. Aber in allen Berufen reicht Neigung nicht

aus. Um gut in einem Beruf zu sein, braucht jeder auch eine Ausbildung. Erzieherinnen und Erzieher verfügen über diese Ausbildung: Sie verstehen Kinder und wissen, was diese in einer Einrichtung brauchen.

Eltern lieben ihr Kind. Das bedeutet aber nicht, dass sie Kinder im Allgemeinen besonders gern mögen oder sie besonders gut verstehen. Viele Eltern können sich für Kinderzeichnungen im Allgemeinen nicht begeistern, sie interessieren sich nur oberflächlich für die Sprachentwicklung von Kindern und empfinden andere Kinder durchaus als störend und lästig. Viele Eltern wollen auch keinen Beruf ausüben, in dem sie tagtäglich mit Kindern arbeiten müssten. All die Elternratgeber, Erziehungsberatungsstellen oder Elternbildungsprogramme sind nicht deshalb nötig, weil Eltern ihre Kinder nicht lieben, sondern weil sie sie oft nicht verstehen oder eben nicht wissen, wie sie reagieren oder handeln sollen. Vieles, was Eltern sich und ihren Kinder antun, tun sie aus Liebe. Eben, weil die Gefühle so mächtig sind und mit ihnen Achterbahn fahren, handeln sie manchmal für außen stehende Beobachter so unverständlich oder sogar grausam. Sie verabschieden sich zum Beispiel so lange und intensiv von ihrem Kind, bis es anfängt zu weinen. Oder sie sagen zu einem Kind, das noch ein bisschen fertig spielen möchte: »Wenn du jetzt nicht gleich kommst, gehe ich ohne dich.« Das sind alles Dinge, die eine gute pädagogische Fachkraft nicht machen würde (außer sie handelt als Mutter oder Vater). Die Erzieherin ist parteiisch für alle Kinder, aber unparteiisch gegenüber einzelnen Kindern. Sie hat keine Lieblingskinder und keine ausgestoßenen Kinder. Das Kind kann von einer Erzieherin ein bestimmtes Verhalten erwarten, nicht jedoch ein bestimmtes Gefühl, und die Erzieherin kann ihre Empfindungen nicht zum Maßstab für ihr professionelles Handeln machen. Sie würde sich vielmehr fragen: »Was hat mein Verhalten für eine Konsequenz? Wie muss ich mich dem Kind gegenüber verhalten, um es in seiner Entwicklung zu unterstützen?«

Erzieherinnen und Erzieher bleiben in ihren persönlichen Entscheidungen unabhängig – Eltern und Kinder sind voneinander abhängig: Die Beziehung Erzieherin-Kind ist zeitlich und auf bestimmte Lebenslagen begrenzt, die Beziehung zu Eltern besteht immer, ein Leben lang. Eine Erzieherin kann sich nach einem anstrengenden Tag auf einen Feierabend freuen oder die Stelle wechseln, eine Mutter kann ihrem anstrengenden Kind nicht kündigen. Eltern und Kinder sind aneinander gebunden.

Kinder können diese qualitativen Unterschiede in den Beziehungen sehr gut erkennen – häufig besser als Erwachsene –, und sie reagieren verwirrt oder verärgert, wenn die Erwachsenen Grenzüberschreitungen begehen. So reagieren Kinder häufig eifersüchtig, wenn sich ihre Mütter mit anderen Kindern in der Gruppe beschäftigen, während sie das bei den Erzieherinnen als »normal« empfinden.

### Bindung oder Beziehung? Das ist hier die Frage

Das Wort Bindung wird in der gegenwärtigen pädagogischen Diskussion um die außerfamiliäre Betreuung von Kleinkindern sehr häufig verwendet. Es ist zum einen zu einer Art Modebegriff geworden, ähnlich wie die Begriffe Wissen oder Literacy. Die Bindungstheorie wurde zu einer Leittheorie, wie auch die Hirnforschung zu einer Leitforschung aufgestiegen ist. Leider wird dadurch die wissenschaftliche Bedeutung des Begriffs Bindung nicht klarer. Es gibt sehr unterschiedliche Vorstellungen davon, was mit Bindung gemeint sein könnte. Schon

1985 schrieb Daniel Stern in seinem Werk »Die Lebenserfahrung des Säuglings«: »Die Bindungstheorie, die aus ihren Ursprüngen in der Psychoanalyse und der Ethologie herausgewachsen ist und sich auch die Methoden und Perspektiven der Entwicklungspsychologie zu eigen gemacht hat, erfasst nun Phänomene auf zahlreichen Ebenen: ›Bindung‹ kann ein Komplex kindlicher Verhaltensweisen, ein motivationales System, eine Beziehung zwischen Mutter und Kind, ein theoretisches Konstrukt und eine subjektive Erfahrung des Kindes in Form innerer ›Arbeitsmodelle‹ bedeuten.« (Stern 1994, S. 45)

Da mit Bindung eben auch die besondere Beziehung zwischen Mutter/Vater und Kind beschrieben wird, kann man im Gespräch mit Eltern schnell einen neuralgischen Punkt treffen, der zu Missverständnissen führt. Um einen gelingenden Übergang nicht zu gefährden, sollten Erzieherinnen und Erzieher ihre Äußerungen in diesem Zusammenhang sehr sorgfältig abwägen und keine pädagogischen Schlagworte benutzen. Die eigene professionelle Kompetenz wird deutlicher, wenn die Zusammenhänge so erklärt werden, dass sie auch für pädagogische Laien leicht verstehbar sind.

### Private Mutter-Kind-Bindung

Als Vater der Bindungstheorie gilt John Bowlby (1907 – 1990). Nach Bowlby ist Bindungsverhalten evolutionär angelegt. Es soll zum Beispiel bei Säugetieren garantieren, dass das Jungtier und die Mutter bei Gefahr nicht einfach flüchten, sondern sich suchen, da das Jungtier ohne die Mutter verloren wäre. Bindung ist universell. Das heißt, in den ersten 24 Monaten entsteht immer eine Bindung zwischen der Mutter und dem Kind, wenn diese anwesend ist. Für Bowlby war Bindung aber nicht nur ein instinktives Verhalten, sie enthält beim Menschen auch eine starke psychische Komponente: »Viele der intensivsten Gefühle begleiten die Ausbildung, den Erhalt, die Unterbrechung und die Erneuerung von Bindungsbeziehungen. Die Ausbildung einer Bindung wird als ›sich verlieben‹ beschrieben, die Aufrechterhaltung einer Bindung ›als jemanden lieben‹ … Der unbelastete Erhalt einer Bindung wird als Quelle der Sicherheit erfahren und die Erneuerung einer Bindung als Quelle der Freude.« (Bowlby 1987, S. 24)

Bindung beinhaltet also eine dauerhafte und emotionale Orientierung an eine andere Person, die dazu führt, dass die aneinander gebundenen Personen die Nähe der jeweils anderen suchen, unter einer Trennung leiden, sich bei der Rückkehr der Person freuen und sich auch an ihr orientieren, wenn sie nicht in unmittelbarer Nähe ist. Mit dieser Vorstellung von Bindung konnte Bowlby erklären, warum Bindung auch dann zwischen Eltern und Kindern entsteht, wenn Eltern ihren Kindern gar nicht gut tun, wenn sie sie sogar hassen, und warum Kinder auch unter der Trennung von Eltern leiden, die keineswegs feinfühlig mit ihnen umgegangen sind. Bindung ist in diesem Sinne ein Bestandteil der Eltern-Kind-Beziehung – zwar unvermeidbar, aber nicht per se positiv oder entwicklungsförderlich. Viele Menschen leiden ein Leben lang unter unsicheren oder ambivalenten Bindungen.

Nach Bowlby entstehen durch diese Beziehungserfahrungen verschiedene innere Arbeitsmodelle von Bindung. Die klassische Bindungsforschung unterschied drei, später vier Bindungstypen: die sichere Bindung, die unsicher-vermeidende Bindung, die unsicher-ambivalente Bindung und die unsicher-desorganisierte Bindung.

Obwohl Bowlby und andere Bindungsforscherinnen immer wieder von dem engen Band zwischen Eltern und Kindern sprechen, von der starken emotionalen Verbundenheit, möchten sie in dieser Beziehung doch nicht von Abhängigkeit reden, weil sie mit diesem Begriff bereits etwas Abwertendes, Krankes, vielleicht Süchtiges verbinden: »Das Konzept der Bindung unterscheidet sich deutlich von dem Konzept der Abhängigkeit. … Darüber hinaus werden dem Konzept der Abhängigkeit Werte zugeschrieben, die im exakten Gegensatz zu den vom Bindungskonzept vermittelten stehen. Während es fast eine Verunglimpfung ist, eine Person als abhängig zu bezeichnen, kann es sehr wohl ein Ausdruck von Anerkennung sein, wenn man sagt, sie sei an jemanden gebunden« (a. a. O., S. 25). Hier versucht die Bindungstheorie genau die Mechanismen abzustreifen, die gerade das Kernelement der Theorie ausmachen: Wieso sollten unglückliche Bindungen Menschen ein Leben lang beeinflussen und in ihrer Freiheit einschränken, wenn sie ohne emotionale Abhängigkeit gedacht werden können? Warum arbeiten sich Jugendliche so vehement an ihren Eltern ab? Warum machen auch 40jährige immer noch ihre Eltern für Unbill in ihrem Leben verantwortlich, wenn hier keine emotionale Abhängigkeit bestehen würde? Wer sich bindet, ist nicht frei oder unabhängig. Er wird in allen Lebenslagen die andere Person mitdenken. Wir haben keine Wahl, unsere Kinder, Eltern oder Geschwister auszusuchen. Wir müssen lernen, mit der Situation, in die wir hineingeboren wurden, umzugehen.

Jeder Bergsteiger weiß, dass auch die sichernde Person einen guten Stand braucht, wenn sie nicht bei einem Ausgleiten mit in die Tiefe gezogen werden will. Man kann nicht unabhängig bleiben und einfach weggehen, wenn man mit einer anderen Person verbunden ist. Bindung ist keine Einbahnstraße: Nicht nur die Kinder sind an die Eltern gebunden, die Eltern sind es auch.

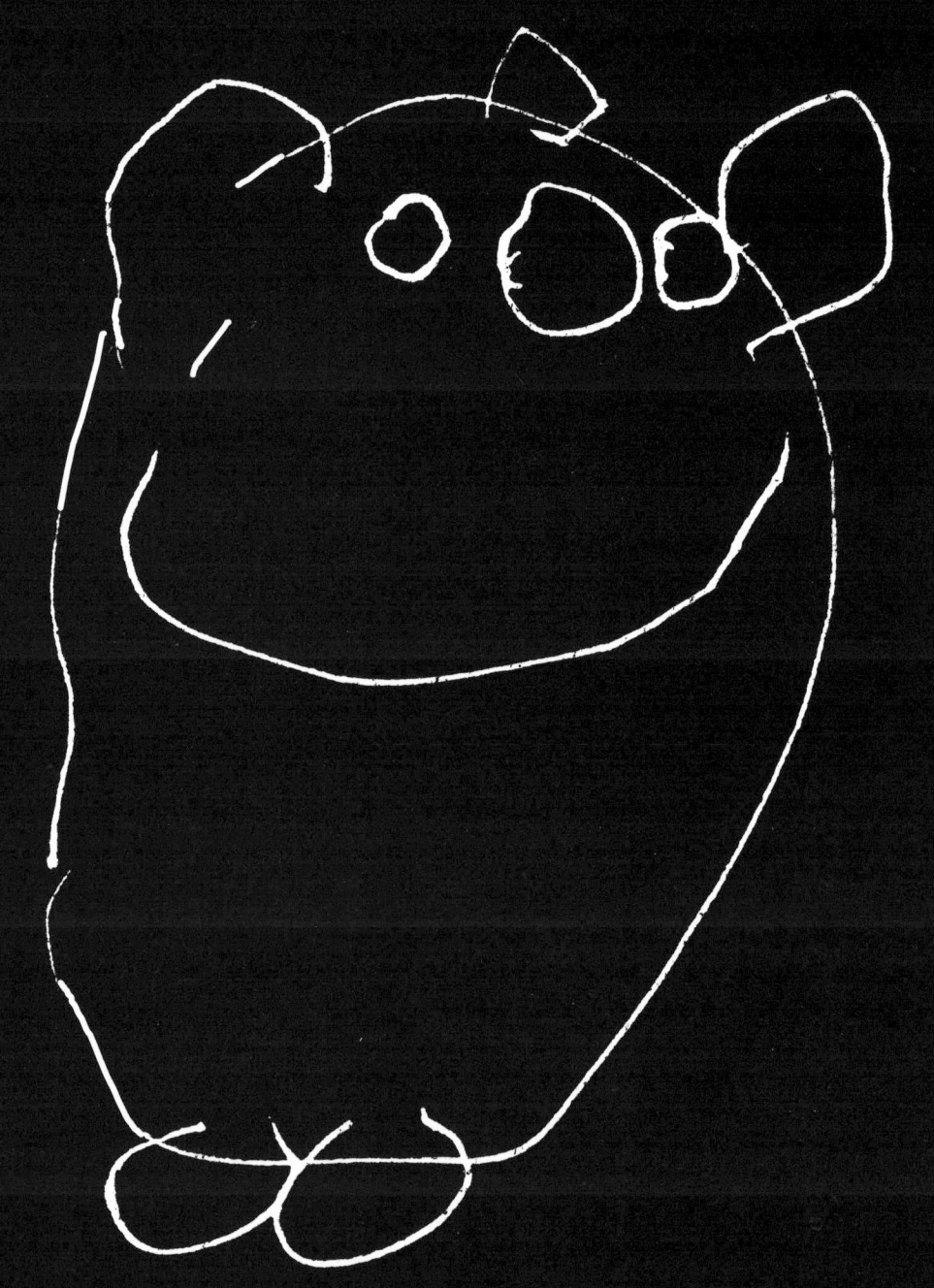

Da schon das Wort Bindung nahelegt, dass beide Personen emotional verbunden und voneinander abhängig sind, wurde bisher in weiten Teilen der Kleinstkindpädagogik von Bindung nur im Zusammenhang mit privaten Beziehungen gesprochen. Erzieherinnen und Erzieher verhalten sich gegenüber den ihnen anvertrauten Kindern wertschätzend, feinfühlig und respektvoll – nicht, weil sie sich in diese Kinder verliebt haben, sondern weil sie sie in ihrer Entwicklung unterstützen und fördern möchten. Erzieherinnen und Erzieher aber bleiben in ihren persönlichen und privaten Entscheidungen von den Kindern unabhängig. Sie bestimmen, wann sie in Urlaub gehen möchten, wann sie die Stelle wechseln oder ein Studium beginnen wollen. Und sie müssen diese Entscheidungen nicht mit den Eltern oder den Kindern abstimmen. Um diesen Unterschied deutlich zu machen, wird deshalb zum Beispiel in der Münchener Rahmenkonzeption der städtischen Kinderkrippen nicht von Bindung, sondern von einer vertrauensvollen Erzieherin-Kind-Beziehung gesprochen.

## Professionelle Erzieherin-Kind-Beziehung

In ihren Anfängen hatten die meisten Bindungstheoretiker eine sehr skeptische bis ablehnende Haltung gegenüber einer außerfamiliären Betreuung, Bildung und Erziehung von Kleinkindern. Sie befürchteten, dass die Mutter-Kind-Bindung durch den Kontakt zu weiteren Erwachsenen und die häufigen Trennungserfahrungen Schaden nehmen könnte und konnten sich nicht vorstellen, dass eine professionelle Fachkraft eine ähnlich feinfühlige Haltung wie die Eltern gegenüber einem Kleinkind entwickeln könnte. Ihre Vorstellungen waren, ähnlich wie in der Mehrheit der Bevölkerung, geprägt von Waisenhäusern, in denen Kinder ihren Tag in Gitterbettchen verbringen mussten, von massenhaften Fütterungen, Wickeln am Fließband und stundenlangem Töpfchensitzen. So eine Situation wollte niemand den Kleinkindern ohne wirkliche Not zumuten. Kinderkrippen wurden somit nur im äußersten Notfall akzeptiert. Es ist das Verdienst der ungarischen Kinderärztin Emmi Pikler (1902-1984), dass für Waisenkinder bessere Bedingungen geschaffen wurden. Sie nahm ab 1946 Waisenkinder in ihrem Institut (das Lóczy) in Budapest auf. Für die Arbeit mit den Kindern entwickelte sie Prinzipien der Erziehung, die die Säuglingspflege weltweit erheblich beeinflussten und auch heute noch für die professionelle Arbeit in Kinderkrippen und für die private mütterliche Erziehung von Bedeutung sind. Sie erkannte, dass die Entwicklungsdefizite bei den Waisenkindern auf zwei Problembereiche zurückzuführen waren: Den Kindern fehlte die Möglichkeit, sich unbehindert und entsprechend ihrem Entwicklungsstand zu bewegen. Und es mangelte ihnen an qualitativ guten Beziehungen zu verlässlichen Erwachsenen. Auf der Grundlage dieser Erkenntnisse veränderte Emmi Pikler das Leben in ihrem Institut grundlegend. Die Räume wurden so umgestaltet, dass die Kinder vielfältige Möglichkeiten erhielten, um sich frei zu bewegen, mit verschiedenen Materialien oder ihrem eigenen Körper zu experimentieren und Kontakt zu anderen Kindern aufzubauen. In diesen Spielsituationen hielten sich die Erwachsenen ganz bewusst zurück. Sie schufen für die Kinder sichere Räume, schützten sie bei Gefahren, ließen sie aber sonst in ihrem eigenen Tempo und in ihrem eigenen Rhythmus gewähren. In den Pflegesituationen dagegen widmeten sich die Erwachsenen den Kindern intensiv. Hier erhielt jedes einzelne Kind individuellen Kontakt und die ungeteilte Zuwendung. Auch hier stellten sich die Erwachsenen ganz auf das Tempo des Kindes ein. Sie zeigten dem Kind, dass sie seine Signale verstehen, antworteten ihm mit körperlicher Zugewandtheit und Augenkontakt und erklärten ihre Handlungen sprachlich. Die Kinder erlebten sich als Subjekte, die bei Erwachsenen etwas bewirken können, und nicht nur als Objekte von Pflegehandlungen. Emmi Pikler bemühte sich von Beginn an darum, ihre neue Arbeitsweise mit den Kindern und die Veränderungen bei den Kindern zu dokumentieren. Das Film- und Fotomaterial, die schriftlichen Aufzeichnungen, Artikel und Bücher bieten auch heute noch sehr gute Grundlagen, um die Prinzipien der pädagogischen Arbeit von Emmi Pikler zu studieren und die pädagogischen Grundhaltungen zu verstehen.

Diese Prinzipien der Erziehung von Säuglingen und Kleinkindern lassen sich in drei wesentlichen Punkten zusammenfassen:
• Eine gesunde Lebensweise;
• eine qualitativ gute Beziehung zu verlässlichen Erwachsenen, die dem Kind ein sicheres Umfeld bieten;
• Respekt vor dem eigenen Tempo und Rhythmus des Kindes, auf andere Menschen oder Dinge zuzugehen.

Emmi Pikler schuf in ihrem Institut aber keine Scheinwelten für die Kinder. Es schien ihr für die gesunde Entwicklung der kindlichen Persönlichkeit und Identität unerlässlich, dass die Kinder nicht im Unklaren über ihre Herkunft, ihre Familien und ihr Leben im Lóczy gelassen wurden. Sie sollten wissen, dass sie im Lóczy von professionellen Fachkräften begleitet, gefördert und unterstützt wurden und nicht von ihren Eltern. Die Betreuerinnen erzählten den Kindern deshalb immer auch von ihren Eltern und halfen ihnen, ihre Wurzeln kennenzulernen und eine Beziehung aufzubauen, selbst, wenn ihre Eltern nicht mehr lebten. Jedes Kind sollte wissen, dass es eine Mutter und einen Vater hat.

Diese Klarheit ist auch für die erwachsenen Betreuerinnen von großer Bedeutung. Sie können in diesem Beruf nur gesund bleiben, die Kinder fördern und unterstützen, wenn sie akzeptieren, dass ihr Zusammenleben zeitlich begrenzt ist und ihr Wirken und ihr Einfluss in der Gegenwart standhalten muss (Baumann 2008).

Mit dieser Haltung ist ein zutiefst humanistischer Anspruch verbunden. Das Kind fasst nicht nur Vetrauen in eine Person, es fasst Vertrauen in eine gesellschaftliche Institution. Das Kind erfährt, dass es eben nicht von der Liebe einer Person abhängig ist, sondern erlebt vielmehr, dass Kinder in dieser Gesellschaft wertgeschätzt werden und diese immer dafür sorgen wird, dass das Kind Hilfe, Unterstützung und Förderung erhält, damit es seine Fähigkeiten entfalten, sich bilden und zu einer eigenständigen und gemeinschaftsfähigen Person entwickeln kann.

Die Bindungsforschung beschäftigt sich seit vielen Jahren mit der Qualität der Mutter-Kind-Bindung und hat mit dem Konzept der »Feinfühligkeit« Verhaltensweisen beschrieben, die zu einer sicheren Mutter-Kind-Bindung beitragen. Demnach ist es wichtig, prompt und zuverlässig auf die Bedürfnisse des Kindes zu reagieren. Sie kommt damit zu ähnlichen Merkmalen wie die Erziehungsstilforschung. Nach Beller (2002) beeinflusst das Verhalten der Erzieherin die Entwicklung von Kleinkindern erheblich. Als förderlich erwies sich, wenn die Erzieherin eine demokratische Grundhaltung einnahm und die Kinder an Entscheidungen beteiligte. Erzieherinnen mit einem responsiven und Autonomie gewährenden Erziehungsstil unterstützten die Kinder in ihrer Entwicklung besonders vorteilhaft. Unter einem responsiven Erziehungsstil versteht die Erziehungsstilforschung Verhaltensweisen wie zum Beispiel visuelle und verbale Zuwendung, Reagieren auf die Signale des Kindes, bedürfnisorientierte Anpassung an das Kind. Ein

Autonomie gewährender Erziehungsstil beinhaltet Verhaltensweisen wie: Die Erzieherin regt Erkunden an; sie fragt das Kind, ob es Hilfe möchte, bevor sie eingreift: sie ermöglicht und unterstützt Autonomie und zeigt Interesse oder lobt das Kind. Als besonders negativ erwies es sich, wenn die Erzieherin kontrollierend lenkte, das Kind emotional kritisierte, demütigte oder beschämte oder sich ihm gegenüber gleichgültig verhielt. Ein unangemessener Laisser-faire-Erziehungsstil zeigte sich häufig darin, dass die Mitarbeiterinnen mehr miteinander und mehr über die Kinder als mit den Kindern sprachen.

## Keine Hierarchie in den Beziehungen

In der pädagogischen Fachliteratur wird gegenwärtig der Begriff Bindung auch auf die Erzieherin-Kind-Beziehung übertragen. Man spricht von einer Hierarchie von Bindungsbeziehungen. Erzieherinnen gelten dann als sekundäre oder tertiäre Bindungspersonen. Diese Terminologie ist problematisch: Sie verwischt die qualitativen Grenzen der Beziehungen. Eine Hierarchie könnte als Ranking verstanden werden und nahelegen, dass es sich dabei um rein quantitative Unterschiede handelt. Bindung wird so wieder auf ein reines Verhaltensmuster reduziert.

Die inneren psychischen Beziehungsbotschaften, die für Bowlby das Wesen von Bindung ausmachten, werden negiert. Eine Mutter signalisiert ihrem Kind mit einem ähnlichen Verhalten eine gänzlich andere Beziehungsbotschaft als eine Erzieherin. Die Absichten, Ziele und Motive, die ihr Verhalten leiten. sind unterschiedlich. Eine Mutter handelt so, weil sie ihr Kind liebt, eine Erzieherin, weil es ihr Beruf ist und sie dafür bezahlt wird. Ein Kind entwickelt zu einer Mutter, die sich nicht feinfühlig verhält, eine unsichere Bindung und leidet trotzdem unter der Trennung von ihr. Zu einer Erzieherin, die sich nicht feinfühlig verhält, entwickelt das Kind dagegen gar keine Bindung, sondern eine schlechte Beziehung. Unter einer Trennung von dieser Erzieherin würde das Kind nicht leiden.

Kindertageseinrichtungen sind Werkstätten der Kindheit. Sie sind die ersten »Arbeitsplätze« für Kinder, an denen sie mit anderen Kindern ihre Kompetenzen weiterentwickeln können. Auch Erwachsene verbringen manchmal mehr Zeit am Tag mit Kolleginnen und Kollegen als mit Freunden und Familie. Und gar nicht selten sind die Beziehungen unter Kolleginnen und Kollegen unbelasteter, fröhlicher, freundlicher, kommunikativer, anregender, interessanter, wertschätzender usw. Natürlich spielen auch in professionellen Beziehungen Emotionen eine Rolle. Aber Sympathie oder Antipathie kann die Reflexion nicht ersetzten und Quantität nicht Qualität. Manchmal werden aus Kolleginnen und Kollegen Freundinnen und Freunde oder Liebespaare. Aber es wäre verheerend, wenn wir die Unterschiede in den Beziehungen nicht mehr wahrnehmen könnten. Es ist ja gerade dieses weitgefächerte Spektrum an unterschiedlichen Beziehungen, das wir als Ressource nutzen können. Kinder sind für Kinder nicht weniger wichtig als Erwachsene, sondern eben auf eine andere Art wichtig. Erzieherinnen sind nicht weniger wichtig als Eltern, sondern eben auf eine andere Art bedeutsam für die Entwicklung von Kindern. Eine realistische Sicht auf die Reichweite des eigenen Einflussbereiches schützt vor Überforderung und schärft den Blick für die Chancen. Erzieherinnen können Kindern dann sehr viel Sicherheit bieten und ihnen zahlreiche Erfahrungen ermöglichen. Die Resilienzforschung hat gezeigt, dass andere Personen für Kinder in schwierigen Eltern-Kind-Beziehungen entlastend sein können, auch wenn diese zu ihnen keine dauerhaften Bindungen eingehen können. Der Schulweghelfer, die Kioskbesitzerin, die Lehrerin, die Nachbarin oder der Hausmeister – sie alle können Kinder ein Stück unterstützen und ihr Leben bereichern.

Neue Mitarbeiterinnen und Mitarbeiter berichten häufig in Fortbildungen, dass sie von den Kindern viel offener und mit viel weniger Misstrauen empfangen wurden als von den Eltern. Das ist kein Wunder, wenn Eltern bereits in der Eingewöhnungszeit gesagt wurde, dass die Beziehung zu dieser einen Bezugserzieherin die entscheidende Stütze für das Wohlergehen des Kindes ist. »Die Beziehung zwischen Eingewöhnungserzieherin und Kind bleibt in der Kita häufig über viele Jahre eine besondere.« (Andres 2008, S. 16)

Mit solchen Aussagen werden Eltern Versprechen gemacht, die in der Realität nicht gehalten werden (können) und Erzieherinnen unter einen unnötigen emotionalen Druck gesetzt.

Auch aus bindungstheoretischer Sicht gelten drei Ziele, die während der Eingewöhnung erreicht werden müssen:
- Die Kinderkrippe ist keine »fremde Situation« mehr, wenn das Kind dort allein bleiben soll.
- Die Erzieherin entwickelt auf der Grundlage einer professionellen Einsicht (einer professionellen Feinfühligkeit) eine vertrauensvolle Beziehung zu dem Kind. Es entsteht keine emotionale Abhängigkeit.
- Die Erzieherin unterstützt die Eltern bei der Entwicklung einer sicheren Mutter/Vater-Kind-Bindung.

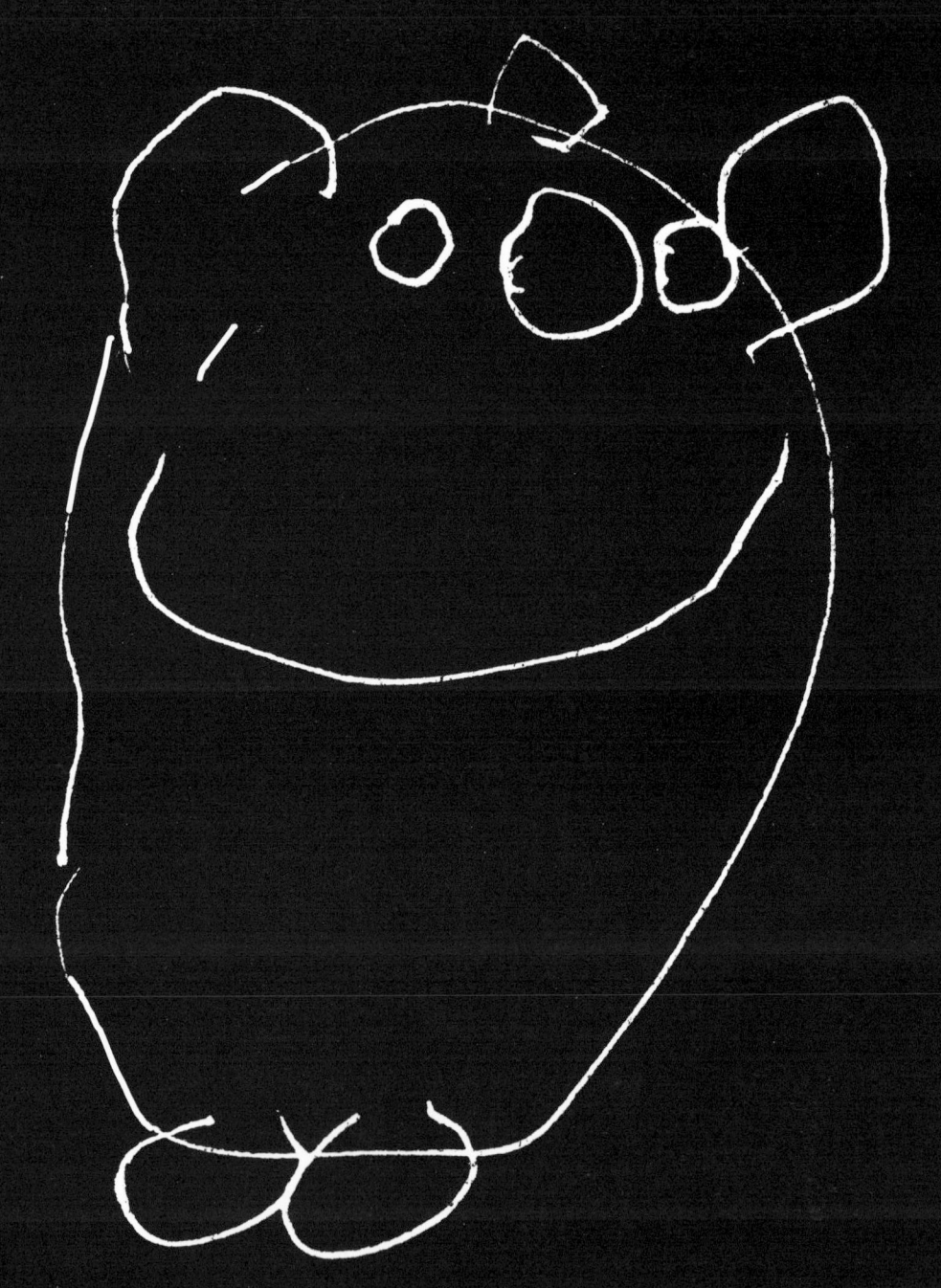

# 2.   Das Handlungskonzept – Übergänge gemeinsam gestalten

In den vorangegangenen Kapiteln dieses Buches wurden die theoretischen Überlegungen dargestellt, die die Analyse der Übergangssituation im Allgemeinen leiten können, und es wurden die pädagogischen Grundhaltungen gegenüber Kindern und Eltern sichtbar gemacht. Auf solchen Grundlagen entwickeln Kindertageseinrichtungen ihr pädagogisches Konzept, an dem sie ihr Handeln und Planen orientieren. Als Mittel der Planung und Gestaltung der konkreten Arbeit hat sich in den letzten Jahren die Entwicklung von Handlungskonzepten oder die Beschreibung von Prozessen in der pädagogischen Praxis immer mehr etabliert und bewährt. Handlungskonzepte dienen dazu, komplexe Schlüsselsituationen zu planen, damit man nicht nur auf einzelne Aktionen reagieren muss. Hier sollen die Fragen aufgegriffen werden, die helfen, die konkrete Situation mit den Eltern, den Kindern, der Gruppe und den bestehenden Rahmenbedingungen zu erkunden. Im Folgenden stellen wir ein Muster für ein Handlungskonzept zur Eingewöhnung vor und füllen es mit einem konkreten Beispiel. Für dieses Handlungskonzept übernehmen wir die Vorgehensweise aus dem Situationsansatz und schlagen für die Erarbeitung vier Schritte vor (Zimmer 1998):

1. Erkunden – Situationen analysieren,
2. Entscheiden – Ziele festlegen,
3. Handeln – Situationen gestalten,
4. Auswerten – die Erfahrungen reflektieren und die Praxis evaluieren.

Diese Struktur kann für die verschiedensten Situationen verwendet werden. Ist das Team erst einmal daran gewöhnt, auf diese Weise vorzugehen, kann man sich die Arbeit erheblich erleichtern. Die pädagogischen Prozesse werden transparenter und alle Beteiligten können mitgestalten.

## Erkunden – Situationen analysieren

»Erziehung sollte kein Austausch erprobter Rezepte sein, sondern ein Austausch erprobter Erfahrungen. Eine solche Erfahrung lautet: Vor jeder Entscheidung für dieses oder jenes pädagogische Vorgehen steht die genaue Betrachtung der Situation.« (Naumann 1998, S. 13)

In den letzten Jahren hat sich das Angebot an Kinderbetreuungsplätzen etwas verbessert. Die »Mangelware« Krippenplatz gibt es jetzt schon häufiger. Dennoch ist es für Eltern immer noch wie ein Lottogewinn, einen Betreuungsplatz für ihr junges Kind zu bekommen. Gleich nach der Freude über die Entlastung, das kleine Familienunternehmen und Berufstätigkeit gleichzeitig managen zu können, wachsen aber die Unsicherheiten und viele Fragezeichen entstehen in den Köpfen der Eltern: Wie wird es werden? Was kommt nun auf uns zu? Wird alles gut gehen? Mache ich alles richtig?

Nicht nur die Eltern, sondern auch das pädagogische Fachpersonal beschäftigt vor jeder neuen Eingewöhnung dieser Fragenkatalog: Wer sind die Personen, denen wir neu begegnen werden? Wie können wir dem neuen Kind, den Eltern und unserer bestehenden Kindergruppe gerecht werden?

Um sich richtig vorbereiten zu können, ist es wichtig, die neuen Personen kennenzulernen, sich mit der Bedeutung der Eingewöhnung für alle Beteiligten auseinanderzusetzen, ein Stück die Perspektive der anderen einzunehmen und gut für sich selbst zu sorgen (John 2008). Das Team sollte eine realistische Haltung entwickeln und sich bewusst werden, dass sich die Eltern im besten Falle die Einrichtung aber nicht die einzelne Erzieherin aussuchen konnten. Denken Sie daran, dass die Eltern Ihnen das Liebste anvertrauen, das sie haben: ihre Kinder. So kann man Unsicherheiten oder auch Misstrauen besser verstehen und muss die Gefühle der neuen Eltern nicht auf sich als Person beziehen.

## Die Bedeutung der Eingewöhnung für die Eltern und ihr Kind

Eltern – meist die Mütter – erleben in der Zeit zwischen Zusage und Eingewöhnung einen »Gefühlsspagat«. Sie sind mit Ambivalenzen von Freude, Entlastung und Lust auf Neues bis hin zu Selbstzweifeln, Vorsichtsmaßnahmen, Ängsten und Unsicherheiten beschäftigt. Die Gefühle, die Erzieherinnen und Erzieher bei den Kindern in der Eingewöhnung und bei der ersten Trennung erleben, plagen die Mütter bereits jetzt schon. Sie sind hin- und hergerissen und wollen eigentlich beides: Den ganzen Tag bei ihrem Kind sein und gleichzeitig wieder Zeit für sich und auch die eigene Arbeit haben.

Hier einige typische Aussagen und Fragen von Müttern während dieser Phase: »Ich freue mich wieder auf meine Arbeit, dass auch andere Kompetenzen an mir gesehen werden, aber kann ich das noch? Endlich wieder einmal eine Arbeit zu Ende bringen, nicht immer nur halbvolle Tassen mit kaltem Kaffee herumstehen lassen, weil man wieder unterbrochen wurde. Endlich wieder Geld verdienen, obwohl ich manchmal denke, wenn ich genau nachrechne, arbeite ich vor allem für die Betreuungskosten. Ich freue mich, wenn ich andere Eltern kennenlerne, nicht alles wissen muss und Unterstützung in Erziehungsfragen bekomme. Man ist manchmal schon sehr allein so als Mutter, ich mag ja mein Interesse am Kind auch teilen können.« Frauen reflektieren viel und denken gern über sich und die familiäre Situation nach. Diese Fragen sollten nicht ungehört bleiben: »Mag mein Kind die Bezugsperson und können wir uns als Partnerinnen begegnen? Wie sieht sie mich und mein Kind? Schaffe ich es jeden Tag pünktlich zu kommen, eingespannt in ein Zeitraster? Mag mich mein Kind noch wie früher? Was mache ich bei Krankheiten?«

In den wenigsten Fällen können die Mütter bereits zu diesem Zeitpunkt sagen: »Ohne Wenn und Aber! Ja, der Eintritt in die Kindertagesstätte ist ein erwünschtes Ereignis.« Es bleibt ein Ziel für die Eingewöhnungszeit, diese Einstellung zur Kindertagesstätte zu entwickeln, damit bei den Eltern dieses gute Gefühl entstehen kann.

Um diese zwiespältigen Gefühle gut begleiten zu können, brauchen die Eltern sehr schnell nach der Zusage Kontakt zur Kindertagesstätte und, wenn möglich, zu ihrer zukünftigen Bezugserzieherin. Nur wenn die Eltern so früh wie möglich »ins Boot geholt« werden, kann man davon ausgehen, dass sie die Eingewöhnungszeit aktiv mitbegleiten und erleben können. Denn auch der Arbeitsbeginn liegt nicht nur allein in der Planung der Eltern. Oftmals werden sie mit schnellen Entscheidungen ihrer Arbeitgeber konfrontiert oder ein Umzug steht an. Die Kindertagesstätte sollte die Informationen über solche und ähnliche Veränderungen haben, damit diese bei der Planung berücksichtigt werden können. Auch die Geburt eines Geschwisterkindes sollte nicht unmittelbar mit der Eingewöhnungszeit zusammengelegt werden. Das Kind braucht während der Eingewöhnung möglichst viel Gewohntes und Gleichbleibendes in der Familie, denn eine Veränderung, eine große Vielfalt an neuen Eindrücken erlebt das Kind mit jedem Krippentag. Es hilft, wenn sich die Erwachsenen bewusst machen, in wie viel Neues sich ein Kind eingewöhnen muss. Sie können dann gemeinsam überlegen, wie Neues und Vertrautes aufeinander abgestimmt werden kann – indem zum Beispiel vertraute Materialien und Stoffe, bekannte Lieder und Klänge oder gewohnte Gegenstände im neuen Raum Platz finden.

## Die Bedeutung der Eingewöhnung für die Kindergruppe

Häufig wird die Bedeutung der Eingewöhnungssituation für die »alten« Kinder unterschätzt, denn auch für sie verändert sich viel. Es ist wissenschaftlich noch nicht geklärt, ob man hier im Sinne der Transitionsforschung ebenfalls von einer »Übergangssituation« sprechen kann. Krisenhafte Phasen müssen aber in jedem Fall angenommen werden. Die Eingewöhnungszeit neuer Kinder überschneidet sich meist mit einer Zeit vielfältiger noch unbekannter Aufgaben für die »alten« Kinder: Sie müssen den Abschied von den »Großen« verarbeiten, ihre neue Rolle in der Gruppe einnehmen und ein neues Mitglied aufnehmen. Ein neues Mitglied in einer Gruppe verändert immer wieder das ganze Gefüge.

## Abschied von den »Großen«

Neue Plätze werden frei, weil »große« Kinder aus der Gruppe gegangen sind. Diese werden auf den Wechsel oder den Übergang meist gut vorbereitet. Sie werden gefeiert und verabschiedet und alle Beteiligten wissen, dass dieses Kind bald im Kindergarten oder in der Schule sein wird. Aber was ist mit den Kindern, die in der Gruppe bleiben? Trotz aller Rituale verstehen sie meist erst jetzt, was passiert ist, denn das Kind wird erst vermisst, wenn der Tag kommt, an dem es nicht mehr da ist. Dieser Abschied muss nun von den verbleibenden Kindern bewusst erlebt und gestaltet werden. Dazu kennen wir Verarbeitungsstrategien aus der Resilienzforschung: sich gemeinsam erinnern, die verabschiedeten Personen in Gedanken oder Bildern noch einmal »herbeiholen«, darüber sprechen und Fotos betrachten etc. Es ist für die Kindergruppe wichtig, dass die Gruppenzimmer oder die Einrichtung nicht bereits vor den Ferien »leergeräumt« werden, sondern auch weiterhin einige Bilder und Werke der »alten« Kinder sichtbar sind, die für Erzählungen zum Wieder-her-holen und Erinnern genutzt werden können. Später können die Bilder durch neue Werke ersetzt werden. Dann füllt die neue Gruppe den Raum. Die Kinder erleben dabei, wie es für sie einmal sein wird, wenn sie weggehen und dass jedes Kind besonders und einmalig ist. Es ist sehr wichtig für die Kinder, dass sie die »Großen« vermissen dürfen und dabei traurig, neugierig, fröhlich und eifersüchtig sein können (Mühlum, S.; Virnkaes, G.; Reichle, G. 1994).

## Eine neue Rolle in der Gruppe einnehmen

In der Familie sind die Kinder entweder in eine Geschwisterfolge eingebunden oder Einzelkinder. Dort bleiben sie immer die Älteste, der Mittlere, die Jüngste, das Einzelkind. In der Kindertagesstätte erleben die Kinder, wie es ist, wenn man plötzlich nicht mehr zu den Kleinen, sondern zu den Großen gehört, sich auf Neues einstellen muss und sich selbst in neuen Rollen ausprobieren kann. Darin liegt eine große Chance, aber auch eine Herausforderung und eine Aufgabe, die bewältigt werden muss. Auch die »alten« Kinder brauchen die Unterstützung ihrer Bezugspersonen, um diese neue Rolle aktiv mitgestalten zu können.

Erst wenn sie die verabschiedeten Kinder loslassen konnten, können sie sich für Neues öffnen und sind aufnahmebereit. Aber auch bereits Dreijährige können das nicht einfach sagen, sie zeigen es durch ihr Verhalten. Die Kinder sollten sich ein »Bild« von den Neuen machen können, bevor sie in die Einrichtung kommen. Das Foto eines neuen Kindes und einfache, kleine Erklärungen – was mag es gern, sein Lieblingsspiel, sein Name – können der Gruppe ein Bild davon geben, wer jetzt auf diesen freien Platz kommt: Diskussionen um den Garderobenplatz, den Schlafplatz, den Platz am Esstisch zeigen, ob die Kinder bereit sind, den Neuen auch wirklich einen Platz einzuräumen. Diese bewusste Auseinandersetzung mit der kommenden Situation kann für alle Kinder eine Unterstützung sein, mit fremden Personen und einer veränderten Lage besser zurecht zu kommen. Es ist ein Modell für weitere Veränderungen im Leben und dem aktiven Umgang damit.

Die Übergangsphase der Gruppe und die Eingewöhnung des neuen Kindes kann empfindlich gestört werden, wenn die Sorgen und der Kummer der »alten« Kinder nicht offen ausgesprochen werden können und von den Erzieherinnen nicht gehört werden. So berichtet die Mutter einer Zweijährigen, die bereits seit einem Jahr in der Kinderkrippe ist: »Ich weiß nicht mehr, was ich machen soll. Meine Tochter ist immer so gern in die Krippe gegangen und jetzt mag sie auf einmal nicht mehr. Jeden Morgen quengelt sie schon beim Aufstehen. Sie mag sich nicht anziehen lassen und weint dauernd. Wenn wir zur Krippe kommen, klammert sie sich schon an mich und sagt, ich soll noch da bleiben. Und wenn ich dann gehe, weint sie so stark, dass ich schon ein richtig schlechtes Gewissen habe.« Die Erzieherin verspricht der Mutter, ihr Kind in der nächsten Zeit genauer zu beobachten und nach möglichen Gründen für das veränderte Verhalten zu suchen. Es wird deutlich, dass sich das Mädchen von der geliebten Kinderpflegerin verschmäht fühlt. Es ist sichtlich eifersüchtig, weil das neue Eingewöhnungskind ständig die ganze Aufmerksamkeit bekommt. Und zudem reagiert die Erzieherin auf sein Quengeln auch noch mit Unverständnis: »Aber du bist doch meine Große. Du benimmst dich ja schlimmer wie ein Baby. Das gefällt mir aber gar nicht, dass du jetzt immer so ein Theater machst.« Hier wird die typische Übergangssituation für ein Kind deutlich. Es ist nicht mehr »Baby« aber auch noch nicht richtig die »Große«. Das Mädchen braucht Unterstützung. Häufig genügt es schon, diese Situation wahrzunehmen. Als das Mädchen merkte, dass die Mitarbeiterinnen in der Kinderkrippe über es nachdachten und es so für diese aufs Neue wichtig wurde, ging es wieder gern in die Einrichtung.

## Die Bedeutung der Eingewöhnung für das Personal

Die Erzieherin selbst befindet sich nicht im Übergang, weil es für sie keine erste und einmalige Situation ist. Sie hat diese schon oft durchlebt. Dennoch bedeutet es auch für sie Stress und erhöhte Anstrengung, sich von den vertrauten Kindern und Eltern zu verabschieden und auf neue Personen einzulassen und im Übergang zu begleiten. Eine besondere Herausforderung ergibt sich durch die Tatsache, dass die Erzieherin den Übergang in zwei »Systemen« moderiert, begleitet und unterstützt: die Übergangssituation in der Familie und in der Kindergruppe. Beide Gruppen begegnen sich jetzt und müssen unterschiedliche Interessen aushandeln und kooperieren. Die pädagogischen Fachkräfte sollten sich in dieser Zeit der Unterstützung im Team sicher sein, denn auch sie brauchen Ansprechpartnerinnen, um ihre zwiespältigen Gefühle auszudrücken und ihre Erfahrungen zu reflektieren.

Am meisten Sorge bereiten den Erzieherinnen hier meist die neuen Erwachsenen: Wie wird es mit den neuen Eltern? Werden sie mich als Erzieherin akzeptieren? Werden sie sich an die Regeln halten? Werden sie kooperieren oder werden sie versuchen, meine Rolle zu übernehmen? In dieser Phase ist es für die Mitarbeiterinnen ganz besonders wichtig, dass sie ihr »Bild« von den Eltern reflektieren. In Stresssituationen kann es leicht passieren, dass Fragen von Eltern bereits als Angriffe oder Anklagen gewertet werden, dass ihnen bei ungeschickten Verhaltensweisen oder Regelverstößen negative Absichten oder Inkompetenz unterstellt werden. Es erfordert hohes Engagement und sicher auch viel Erfahrung, die Aufmerksamkeit für die Eingewöhnungssituation und für die Krippengruppe unter einen Hut zu bringen.

Überfrachtet es nicht die Eingewöhnung, wenn so viele verschiedene Personen mitbedacht werden sollen? Diese Frage wird in Fortbildungen häufig gestellt: »An was soll ich denn noch alles denken? Wen soll ich denn noch berücksichtigen – die Mutter, den Vater, das Kind, die Gruppe, womöglich noch die Großmutter und das halbe Dorf?« Bei dieser Aussicht schlagen Erzieherinnen erst einmal die Hände über dem Kopf zusammen. So ein Konzept klingt ja vielleicht gut, in der Praxis scheint es auf den ersten Blick jedoch gänzlich unrealistisch. Dabei wird übersehen, dass die verschiedenen involvierten Personen nicht nur weitere Belastungen darstellen, sondern vor allem Ressourcen sind, auf die zurückgegriffen werden kann, und die den Eingewöhnungsprozess sehr gut unterstützen, wenn man sie erst einmal aktiv miteinbezieht.

Wird zum Beispiel die Kindergruppe aus der Eingewöhnung »herausgehalten«, dann helfen die anderen Kinder dem neuen Kind auch nicht. Folgende Verhaltensweisen lassen sich dann beobachten: Eine neues Kind im Kindergarten weint jeden Tag oft über eine Stunde lang wenn die Mutter geht und lässt sich nicht trösten. Die Erzieherin versucht dem Kind ganz verschiedene Sachen anzubieten, kümmert sich viel um es. Doch alles hilft nichts. Und die anderen Kinder reagieren auf dieses Kind mittlerweile ablehnend: »Die mag ich nicht, wenn die so schreit« und gehen der Situation aus dem Weg. Kein guter Start für ein Kind, das sich schwertut, und keine gute Situation für die Kinder, die zu hilflosem Zuschauen verdammt sind. Ganz anders gestaltet sich die Situation, wenn die anderen Kinder aktiv miteinbezogen werden. Sie könnten gefragt werden, welche Ideen sie haben, um dem neuen Kind zu helfen. Es ist ganz erstaunlich, was für ein gutes Gespür viele Kinder für die Lage anderer Kinder haben und auf welche

Ideen sie dabei kommen. Kinder lassen sich von anderen Kindern oft auch leichter ansprechen als von Erwachsenen. Die Gruppenkinder lernen hier Empathie. Sie lernen mit Schwierigkeiten und »schwierigen« Menschen umzugehen und können Frustrationen auch besser aushalten, wenn sie aktiv mitwirken können. Denn nicht immer lässt sich so eine Situation von heute auf morgen lösen, es gehört oft ein langer Atem dazu.

Auch wenn der oben genannte Hinweis auf die Einbeziehung der Großeltern und des ganzen Dorfes wohl ironisch gemeint war, haben viele Einrichtungen gerade mit der Integration des Umfeldes gute Erfahrungen gemacht: Eine neu gegründete Kinderkrippengruppe wurde bei den Eltern erst akzeptiert, als es dem Team gelang, über »Offene Türen« und Besichtigungen die Großeltern zu gewinnen. In dieser Gemeinde betreuten diese nämlich häufig stundenweise die Kinder. Sie hatten Sorge, dass ihnen ihre Enkelkinder fremd und sie nicht mehr gebraucht würden. Erst als sie die Krippe als stundenweise Entlastung erleben konnten und ihre Enkel in der Einrichtung besuchen durften, »erlaubten« sie auch ihren Kindern den Entschluss. Viele Einrichtungen bieten Tage der offenen Tür an, weil sie das leider immer noch schlechte und falsche Image der Kleinkindertagesstätten aufbrechen wollen, unter dem auch die jungen Krippeneltern leiden.

## Die Aufnahmefähigkeit der Einrichtung – die Bedeutung guter Rahmenbedingungen

Zur Analyse der Situation gehört auch eine sorgfältige Bestandsaufnahme der Rahmenbedingungen und eine gute Planung, wie die Strukturqualität der Einrichtung gewährleistet und verbessert werden kann (Berchtold 2008). Es liegt nicht nur an der Aufnahmebereitschaft der Gruppe, der Erzieherin und des Teams und nicht nur an der Offenheit der Eltern und des Kindes. Die Rahmenbedingungen sind ebenso entscheidend für eine gelingende Begegnung im Übergang.

Es ist für alle Beteiligten eine Katastrophe, wenn Kindergartengruppen einfach mit Zweijährigen »aufgefüllt« werden, ohne dass der Personalschlüssel geändert und die Konzeption angepasst wird. Plätze werden auf diese Weise nicht geschaffen. Aber auch in bestehenden Gruppen brauchen Übergänge Zeit, und die Erzieherin benötigt die Möglichkeit, sich dem neuen Kind intensiv zu widmen, zu beobachten, zu dokumentieren und die Erfahrungen mit den Eltern auszutauschen. Das alles kann nicht einfach »mal so nebenher« geschehen. Eine Eingewöhnung muss immer gestaffelt ablaufen, ein zeitlicher Puffer muss eingeplant werden. Die Gestaltung der Eingewöhnung ist keine Fließbandarbeit, die im Akkord geleistet werden kann. Bei entsprechender Personalsituation ist es manchmal günstiger, mehrere Familien gleichzeitig in die Gruppe einzuladen, als die Familien während der Eingewöhnung unter Zeitdruck zu setzen, weil schon jemand auf der Warteliste für die nächste Eingewöhnung steht.

## Entscheiden – Ziele festlegen

Sich der eigenen Ziele bewusst zu werden ist das Kernstück der pädagogischen Arbeit. »Wer nicht weiß, wohin er segeln will, für den ist kein Wind der richtige« soll Seneca gesagt haben, und dieser Spruch hängt mit großer Berechtigung in vielen Teamzimmern. Wir können uns noch so gute Methoden ausdenken – wenn unklar bleibt, was damit eigentlich erreicht werden soll, können sich die Maßnahmen schnell verselbstständigen. Sie werden dann einfach nur abgearbeitet. Und gar nicht so selten stehen die Maßnahmen dann sogar im Widerspruch zu den gesetzten Zielen: Da wollen Erwachsene, dass Kinder eigenständig und eigensinnig denken, aber sie sollen bitte dabei auf die erwünschten Lösungen kommen … Oder Erwachsene beteuern, wie wichtig es ihnen ist, dass das Kind ein Gespür für seinen Körper entwickelt, bestehen aber gleichzeitig darauf, dass es nur ganz Bestimmtes und soviel davon isst, wie sie es für richtig halten. Selbstverständlich finden es Erwachsene richtig und wichtig, dass Kinder ihre Gefühle zeigen, aber sie sollen bitte nicht so viel weinen … Es gibt also heimliche Lehrpläne und Konzepte – Ziele, die unser Handeln leiten, ohne dass wir uns dessen bewusst sind. Professionelles pädagogisches Handeln sollte deshalb immer wieder an den gesetzten Zielen überprüft werden.

### Ziele für einen gelingenden Übergang

In der pädagogischen Rahmenkonzeption der Kinderkrippen der Landeshauptstadt München heißt es: »Aufgabe der Eingewöhnungsgestaltung ist es deshalb, allen Beteiligten die Möglichkeit zu geben, sich aktiv mit der neuen Situation auseinanderzusetzen, sich kennenzulernen, von ihrem Standpunkt aus Schritte zu einem gemeinsamen Verstehen zu gehen und zu lernen, mit dieser Umbruchsituation positiv fertig zu werden. Alle Beteiligten haben Anspruch darauf, dass ihre Gefühle und ihre Bedürfnisse ernst genommen werden.« (Landeshauptstadt München 2006, S. 47) Hier wird deutlich, dass nicht nur das Ergebnis wichtig genommen wird, sondern der Weg dorthin gemeinsam beschritten wird. Nur wenn Erwachsene und Kinder aktiv

und gemeinsam Prozesse gestalten, werden aus bloßen Lernerfahrungen Bildungsgelegenheiten.

Das umfassende Ziel für die Eingewöhnungsgestaltung lautet: Die Übergangs- und Trennungssituation wird als positive Lernmöglichkeit für alle Beteiligten gestaltet. Dabei sollen folgende Ziele erreicht werden:

### Bezogen auf das Kind:

- Ich habe Einfluss auf die Situation (Selbstbestimmungsrecht, Selbstwirksamkeit erleben).
- Ich werde akzeptiert wie ich bin (Empathie erfahren).
- Ich kann meine Gefühle bewusst wahrnehmen, zum Ausdruck bringen und werde verstanden.
- Meine Bindung zu den Eltern bleibt trotz zeitlicher und räumlicher Trennung bestehen.
- Ich kann und darf Beziehungen zu anderen Kindern und Erwachsenen eingehen.
- Ich erlebe Sicherheit durch die Anwesenheit/Begleitung meiner primären Bezugsperson. Allmählich erfahre ich auch Sicherheit durch das verlässliche Verhalten mindestens einer Fachkraft.
- Ich erlebe in der Kindergruppe eine Vielfalt an Spielpartnern, Anregungen, Möglichkeiten und finde meinen Platz (Neugierde auf Unbekanntes, Lust auf Exploration).
- Ich akzeptiere die Tatsache, dass die neue Situation (zum Beispiel die Kinderkrippe) fester Bestandteil meines Lebens ist.
- Ich bin stark bzw. gestärkt genug, mit neuen Situationen umzugehen.

### Bezogen auf die Eltern:

- Eltern erhalten die Gelegenheit, sich die Entscheidung ihr Kind in der Kinderkrippe betreuen zu lassen, bewusst zu machen. Die gegebenenfalls auftretenden widerstreitenden Gefühle werden wahrgenommen, verstanden und in der Interaktion zwischen Eltern und Fachkräften bearbeitet. Auch Eltern wird eine »Eingewöhnungsphase« ermöglicht.

- Eltern erfahren, dass die Betreuung, Bildung und Erziehung der Kinder in der Kinderkrippe eine Bereicherung für die ganze Familie werden kann.
- Eltern sind umfassend über den Kinderkrippenalltag und die eigenen Mitwirkungsmöglichkeiten informiert.
- Eltern sind sich über ihre Bedeutung als primäre Bezugsperson bewusst. Sie geben ihre Elternrolle nicht ab, sondern übertragen vereinbarte Bildungs- und Betreuungsaufgaben für einen Teil des Tages an die Fachkräfte der Kinderkrippe.
- Weitere individuelle Ziele der Eltern, die wir (noch) nicht kennen, können von ihnen benannt und im Gespräch bearbeitet werden.

### Bezogen auf die Fachkraft:

- Die Fachkraft stellt die erste Vertrauensperson für das Kind und dessen Eltern in der Krippe dar.
- Die Fachkraft moderiert und begleitet die Übergangssituation. Sie unterstützt in erster Linie das Kind, aber auch die Eltern darin, diesen Übergang erfolgreich zu bewältigen.
- Die Fachkraft beobachtet das Kind, dokumentiert Verhaltensweisen und Prozesse im Tagesverlauf.
- Die Fachkraft pflegt den Dialog mit den Eltern, informiert sie umfassend und baut so eine wichtige Basis zukünftiger Zusammenarbeit auf.

### Bezogen auf die Kindergruppe:

- Die Kindergruppe wird aktiv in den Eingewöhnungsprozess mit einbezogen.
- Die Kinder der Einrichtung erhalten vielfältige Gelegenheiten, das neue Kind kennenzulernen und Kontakt aufzunehmen.

- Die Kinder werden auf die Eingewöhnung des neuen Kindes vorbereitet. Auch ihre Rolle in der Gruppe kann sich durch die Neuaufnahme verändern.
- Die Bedürfnisse aller Kinder finden ihre Berücksichtigung. (Landeshauptstadt München 2006, S. 52ff.)

### Gruppenpädagogische Ziele

Die Erzieherin verfolgt während der Eingewöhnung auch gruppenpädagogische Ziele. Alle Kinder sollen sich in der Einrichtung wohl fühlen, ganzheitlich weiterentwickeln und sich selbst bilden können; alle Kinder sollen Freundinnen und Freunde in der Gruppe finden. Es gibt immer noch große Vorbehalte gegenüber der außerfamiliären Betreuung, Erziehung und Bildung von Kleinkindern in Kindergruppen. Nach wie vor glauben viele, dass ein Individuum sich in der Gruppe vor allem anpassen muss, als handele es sich um eine Gruppe von lauter »Gleichen«. »Wenn das alle machen würden!« lautet eine beliebte Killerphrase, um individuelle Bedürfnisse zu negieren. Nur wollen alle gar nicht immer das Gleiche. Heute weiß man, dass heterogene Gruppen durchaus eine positive Basis für die individuelle Entwicklung aller darstellen. Sind gute Rahmenbedingungen gegeben, entwickelt sich die Gruppe zu einem positiven Netzwerk für alle Kinder. Es geht nicht um »Gleichmacherei«, sondern um die Berücksichtigung der individuellen Bedürfnisse und Interessen.

Ein Beispiel: Die Zwillinge Hannah und Laura kommen mit drei Jahren in den Kindergarten. Beide sollen sich in verschiedene Gruppen eingewöhnen. Vater und Mutter begleiten die Eingewöhnung, damit beide Kinder immer einen Elternteil für sich haben. Laura nimmt schnell Kontakt zur Erzieherin auf, lässt sich von ihr durch den Alltag führen, bleibt aber gegenüber den anderen Kindern zurückhaltend. Nach zwei Wochen braucht sie die

Eltern nicht mehr. Hannah interessiert sich mehr für die Bewegungsangebote und Spielmöglichkeiten. Auch sie beobachtet erst die anderen Kinder, nimmt dann aber gern Aufforderungen zum Spiel wahr. Die Eltern müssen aber in der Nähe sein und dürfen nicht gehen. In der dritten Woche wird Hannah krank, die Mutter bleibt zuhause, und Laura möchte trotzdem allein und ohne Vater in den Kindergarten. In der vierten Woche bleibt die Mutter wieder für ein paar Tage im Vorraum des Kindergartens sitzen und Hannah kommt immer wieder vorbei. Am Ende der Woche sagt Hannah zur Mutter: »Jetzt kenne ich alles, jetzt kannst du heimgehen.«

Die Erzieherin zeigt immer wieder und bei jedem Kind, dass sie sein eigenes Tempo und seinen Rhythmus auf andere Menschen oder Dinge zuzugehen respektiert. Bereits während der Eingewöhnung vermittelt sie zwischen den unterschiedlichen Bedürfnissen der Kinder und hilft beim Aushandeln und bei Konflikten.

## Etappenziele für die unterschiedlichen Übergangsphasen

Jede Eingewöhnung durchläuft mehrere Phasen. Die Vorbereitung der Eingewöhnung, das Kennenlernen, die Phase, in der alle Beteiligten in einzelnen Bereichen erste Sicherheiten gewinnen, die Phase, in der erste Keime von Vertrauen entstehen und erste Trennungen stattfinden, und schließlich die Phase des Abschlusses und der gemeinsamen Auswertung.

Im Handlungskonzept werden die allgemeinen pädagogischen Ziele für jede Familie und Situation konkretisiert und das Handeln geplant. Im Team oder mit den Eltern werden gemeinsam die Ziele bestimmt und den einzelnen Phasen der Eingewöhnung zugeordnet. Am Ende jeder Etappe können dann Eltern und Erzieherinnen überprüfen, ob diese Ziele erreicht wurden. Sie tauschen ihre Beobachtungen und Eindrücke darüber aus, woran sie erkennen, dass das Ziel erreicht wurde, und können dann gemeinsam das weitere Vorgehen besprechen. Manchmal erweisen sich Ziele als unrealistisch – entweder war die Zeit zu kurz, oder die Ziele erwiesen sich als zu groß. Und manchmal werden Ziele, die am Anfang so zentral waren, plötzlich auch ganz unwichtig.

In unseren Fortbildungen erarbeiten die Teilnehmerinnen Ziele für unterschiedliche Eingewöhnungssituationen. Wir haben daraus das folgende fiktive »Beispiel von Deniz« erstellt, um zu zeigen, wie konkret Ziele für die Eingewöhnung formuliert werden können. Die im Beispiel beschriebene Familie gibt es so nicht, die Ziele aber sind echt und wurden für verschiedene Situationen real gesetzt. Dieses Muster stellt keine vollständige Liste aller denkbaren Ziele dar; sie soll Anregungen zum Nachdenken und Reflektieren der eigenen Ziele geben. Solche Zielbestimmungen dienen auch der Qualitätssicherung. Erzieherinnen verstecken oft ihre gute Arbeit: »Das machen wir doch sowieso, darüber muss man doch nicht reden.« Wir möchten alle dazu ermuntern, genau das zu zeigen und aufzuschreiben »was doch sowieso gemacht wird«.

## Zum Beispiel Deniz

Es handelt sich um die Eingewöhnung von Deniz, einem zwölf Monate alten Mädchen. Deniz läuft schon sehr gut, sie hat zwei große Schwestern (11 und 13 Jahre) und lebt mit ihrer Familie in einer deutschen Großstadt. Die Mutter von Deniz arbeitet als Juristin in einer großen Firma, der Vater ist Musiker. Deniz ist ein »ungeplanter, aber sehr willkommener Nachzügler«. Die Mutter von Deniz spricht fließend Türkisch, Deutsch und Französisch. Sie möchte, dass Deniz mehrsprachig aufwächst. Zuhause spricht sie mit Deniz überwiegend Türkisch. Der Vater spricht Deutsch mit Deniz. Die ersten sechs Monate hatte die Mutter Elternzeit, die nächsten sechs Monate dann der Vater. Als Musiker konnte er die Kinderbetreuung phasenweise sehr gut mit seiner Arbeit verbinden. Zwischendurch halfen die Großeltern, und ab und zu die älteren Geschwister. Für die Eingewöhnung hat sich die Mutter zwei Wochen Urlaub genommen. Der Vater wird Deniz in den ersten Kennenlerntagen begleiten, anschließend muss er beruflich verreisen. Dann wird die Mutter übernehmen. Falls die darauffolgenden zwei Wochen nicht ausreichen, wird der Vater wieder aktiv. Das Team hat ein Schema erarbeitet, um die Ziele für die Eingewöhnung anschaulich darzustellen. Die allgemeinen Ziele im Hauskonzept werden für die jeweilige Situation im Team konkretisiert und mit den betreffenden Personen, zum Beispiel dem Elternbeirat, den »alten« Gruppeneltern und den »neuen« Eltern besprochen.

## Ziele für die Eingewöhnung von Deniz in die Kinderkrippe

| Zeitperspektiven – Phasen | Deniz | Mutter | Vater | Erzieherin |
|---|---|---|---|---|
| **Vorbereitung** | Deniz weiß, dass sie bald ein Kinderkrippenkind sein wird. | Die Mutter besitzt Grundinformationen über die Krippe. Sie weiß, wie die Eingewöhnung abläuft. Sie hatte eine Begegnung mit der Bezugserzieherin. | Der Vater besitzt Grundinformationen über die Krippe. Er weiß, wie die Eingewöhnung abläuft. Er hatte eine Begegnung mit der Bezugserzieherin. | Die Bezugserzieherin kennt die Einstellung der Eltern zur Kinderkrippe. Sie weiß, welche Erwartungen, Hoffnungen und Ängste die Familie mit dem Übergang verbindet. Sie kennt den bisherigen Entwicklungsverlauf von Deniz. |
| **Kennenlernen** | Deniz kennt einige Räume, einige Spielmaterialien, die Bezugserzieherin, einige Kinder und den Halbtagesablauf. | Die Mutter erstellt eine Liste mit den Bedeutungen der türkischen Kindworte, die Deniz kennt, schreibt auf, welche Silben Deniz mit welchen Bedeutungen verbindet. Da die Mutter selbst nicht anwesend ist, erhält sie die wichtigen Informationen über den Vater. Vater und Mutter kommen gemeinsam zum Elterngespräch am Ende der Kennenlernphase. | Der Vater weiß, wie es in dieser Kinderkrippe abläuft. Er kennt das Team, den Tagesablauf und einige Angebote. Vater und Mutter kommen gemeinsam zum Elterngespräch am Ende der Kennenlernphase. | Die Bezugserzieherin kennt Vorlieben und Abneigungen von Deniz. Sie weiß, wie sich der Vater in Schlüsselsituationen verhält. Sie weiß, wie die Kindergruppe auf Deniz reagiert und kennt Kinder, die neugierig sind und sich auf Deniz freuen oder ähnliche Vorlieben und Interessen haben. |

| Zeitperspektiven – Phasen | Deniz | Mutter | Vater | Erzieherin |
|---|---|---|---|---|
| **Sicherheit** | Deniz nimmt von sich aus Kontakt zu anderen Kindern auf und lässt Kontakt von anderen Kindern zu. Sie lässt sich von der Bezugserzieherin wickeln und füttern. Sie kann Routineereignisse vorhersehen. | Die Mutter kennt den Erziehungsstil der Bezugserzieherin. Sie kennt Situationen, die Deniz attraktiv finden wird. Sie akzeptiert die Erzieherin in ihrer Rolle. | | Sie weiß, wie sich die Mutter in Schlüsselsituationen verhält. Sie versteht die Äußerungen von Deniz. Sie bietet attraktive Angebote für Deniz an. Sie unterstützt den Spielkontakt von Deniz mit den Gruppenkindern. |
| **Vertrauen** | Deniz hat eine vertrauensvolle Beziehung zur Bezugserzieherin und kennt zwei weitere Kolleginnen in der Kinderkrippe so gut, dass sie sich von ihnen am Morgen in die Gruppe bringen lässt. Deniz akzeptiert, dass sie ohne ihre Mutter in der Kinderkrippe bleibt. | Die Mutter spürt, dass ihr Kind hier gut aufgehoben ist. Sie kann das Verhalten der Erzieherin einschätzen. Sie weiß, dass die Erzieherin ihr die Wahrheit sagen wird. Sie kann sich von Deniz für eine vereinbarte Zeit verabschieden. | Da jetzt der Vater nicht mehr persönlich anwesend ist, erhält er nun wichtige Informationen über die Mutter. | |
| **Abschluss und Auswertung** | Deniz hat den Übergang bewältigt. Sie ist in ihrer neuen Rolle als Kinderkrippenkind angekommen. | Die Mutter kann den Verlauf der Eingewöhnung noch einmal erinnern und sich der verschiedenen Etappen bewusst werden. Die Eltern wissen, wie es jetzt weitergeht. | Der Vater kann den Verlauf der Eingewöhnung noch einmal erinnern und sich der verschiedenen Etappen bewusst werden. Die Eltern wissen, wie es jetzt weitergeht. | Die Erzieherin würdigt die Zusammenarbeit mit den Eltern. Sie hat eine partnerschaftliche Beziehung zu den Eltern und öffnet diese Beziehung für die weiteren Kolleginnen im Team. |

## Eingewöhnung von Deniz in die Kinderkrippe

Hier werden nun Ziele festgehalten, die für die Teams zur Überprüfung ihrer Arbeit zusätzlich wichtig sind:

| Zeitperspektiven – Phasen | Kindergruppe | Team | Leitung | Elternschaft |
|---|---|---|---|---|
| **Vorbereitung** | Die Kinder konnten sich ein »Bild« von Deniz machen. | Der Dienstplan ist auf die Eingewöhnung abgestimmt. | Die Platzvergabe ist geklärt. Die Buchungszeit ist mit dem Träger abgestimmt. | Die Eltern wissen, wann welches Kind eingewöhnt wird. |
| **Kennenlernen** | Die Erzieherinnen machen die Gruppe auf Deniz aufmerksam. Es finden immer wieder Begegnungen statt. | Die Mitarbeiterinnen begegnen dem Vater und Deniz und laden beide in ihre Räume ein. | | »Alte« und »neue« Eltern kennen sich. |
| **Sicherheit** | Einige Kinder helfen beim Wickeln von Deniz. | Die Mutter lernt alle Kolleginnen der Bezugserzieherin kennen. | | Eine andere Mutter unterhält sich mit der Mutter von Deniz beim Bringen ihres Kindes und tauscht sich mit ihr aus. |
| **Vertrauen** | Die Kinder wissen, dass Deniz jetzt bald allein in der Kinderkrippe bleibt. | | Die Leiterin steht bei der Trennung zur Verfügung. | |
| **Abschluss und Auswertung** | | Auf einer Mitarbeiterbesprechung werden die Eingewöhnungserfahrungen ausgewertet. | | Die Eltern von Deniz gehören zur Elternschaft der Kinderkrippe. |

## Handeln – Situationen gestalten

Nun müssen Methoden und Maßnahmen gefunden werden, mit denen die Handlungsziele erreicht werden können. Die folgenden Beispiele geben einen Einblick, wie Situationen in den verschiedenen Eingewöhnungsphasen gestaltet werden können, und worauf besonders zu achten ist.

### Die erste Phase: Die Eingewöhnung vorbereiten

Aufgrund des Platzmangels kommen die Eltern meist schon vor der Vergabe öfter in die Einrichtung. Sie mussten ihr Kind rechtzeitig (oft schon während der Schwangerschaft) anmelden, um überhaupt eine Chance auf einen Wunschtermin zu haben, und diese Anmeldung immer wieder bestätigen.

Nach der Platzvergabe müssen viele Verwaltungsfragen geklärt werden: Ein Betreuungsvertrag wird geschlossen, die Eltern erhalten die Satzung und das Konzept, sie müssen einige Formulare ausfüllen und verschiedenste Einverständniserklärungen abgeben. Dieses Gespräch sollte möglichst zusammen mit der Leitung und/oder der zukünftigen Bezugserzieherin stattfinden. Hier erhalten die Eltern einen weiteren Einblick in die Einrichtung, in die Planung der Eingewöhnung und können erste Fragen klären. Aus der pädagogischen Praxis ist bekannt, dass die Eltern, die diese ersten Informationen allein von der Leitung der Einrichtung erhalten und dabei auch erste wichtige Aussagen zu sich und ihrem Kind gemacht haben, sich noch lange Zeit danach vertrauensvoll an eben diese erste Gesprächspartnerin wenden. Der erste Kontakt ist oftmals sehr prägend und legt trotz vieler organisatorischer Informationen

ganz nebenbei auch einen wichtigen Grundstock zur Orientierung und dem folgenden sich Kennenlernen. Die Bezugserzieherin sollte deshalb in dieses Gespräch miteinbezogen werden oder es selbst führen.

Eltern brauchen Grundinformationen: Was wird von ihnen erwartet? Was kommt auf sie zu? Was können sie selbst erwarten? Diese Basisinformationen werden in vielen Einrichtungen mit Hilfe eines Eingewöhnungsflyers oder eines kurzen Eingewöhnungskonzepts schriftlich und mündlich vorgestellt. Dabei erhalten die Eltern Einblick in die kommende Zeit und können sich darauf vorbereiten und einstellen. Eine Liste mit allen Dingen, die sie mitbringen sollen, erleichtert ihnen die Vorbereitung.

Eine hilfreiche und schöne Idee zur Vorbereitung wurde bereits mehrmals in der Praxis erprobt: Die Eltern erhalten ein Eingewöhnungsheft oder -büchlein, in dem sie alle Informationen wiederfinden. Manchmal ist ein Bild des Gruppenzimmers, der zuständigen Mitarbeiterinnen oder der Kindergruppe zum ersten Kennenlernen eingeheftet. Mit einem Bild des Kindes und vielleicht auch von Mutter und/oder Vater beim ersten Tag in der Krippe wird den Eltern bereits ein Zeichen gegeben, wie wichtig die Zeit der Eingewöhnung für die Kindertagesstätte ist.

Dieses Buch begleitet die Eltern während der Eingewöhnungszeit. Freie Blätter bieten Platz für ihre Fragen. Sie können sich weitere Notizen in der Eingewöhnungszeit machen oder auch kleine Beobachtungen aus der Kindereinrichtung notieren und damit den nicht anwesenden Elternteil teilhaben lassen. Auch später können Eindrücke, zum Beispiel während der ersten Trennung, hier einen Platz bekommen und damit gut bewältigt werden. Das Eingewöhnungsbuch bewahrt so Erinnerungen an eine sehr wichtige Zeit.

Bereits bei der Planung und Vorbereitung müssen die Frage nach der Dauer der Eingewöhnungszeit besprochen und eine gemeinsame Antwort gefunden werden. Die gesamte Übergangsphase dauert oft mehrere Wochen oder Monate und beginnt meist schon vor der eigentlichen Eingewöhnungszeit. Haben die Eltern sich für einen Platz entschieden, haben sie eine Zusage bekommen, vielleicht auch schon erste Gespräche geführt, sind erste Anzeichen für die Transition erkennbar. Die Veränderung wird zum Thema in der Familie: Vorüberlegungen werden getroffen, das Kind wird vielleicht abgestillt, der Ess- oder Schlafrhythmus verändert. Dies alles spürt auch das Kind und es fühlt jetzt bereits auch, ob dieses Ereignis von den Eltern erwünscht ist, ob sie sich an diesem Punkt uneins sind oder Befürchtungen überwiegen. Abgeschlossen ist die Übergangsphase, wenn das Kind in der neuen Rolle als Krippenkind und die Eltern in der neuen Rolle als Krippenkindeltern angekommen sind, die Situation zum Alltag gehört.

Eine wichtige Frage der Eltern nach der Dauer der Eingewöhnung bezieht sich meist darauf, wie lange ihre Anwesenheit in der Einrichtung wohl benötigt wird, also auf den Kern der Eingewöhnungszeit. Als Orientierung sollte man von drei Wochen ausgehen. Diese Zeit ist realistisch, aber auch nicht üppig bemessen. Wenn alle gemeinsam helfen, kann ein guter Übergang gelingen. Alle Einrichtungen sollten drei Wochen mit den Eltern vereinbaren und nicht um Tage feilschen.

Um Eltern für diesen Punkt zu sensibilisieren, kann folgende Geschichte helfen: »Stellen Sie sich vor, Sie haben gerade eine schwere Operation hinter sich gebracht. Die Ärztin teilt ihnen mit, dass sie vier Wochen brauchen, um sich zu erholen und gesund zu werden. Das kommt Ihnen viel zu lange vor. Sie bitten sie, Sie erst einmal nur zwei Wochen krank zu schreiben und dann weiterzusehen. Nach zwei Wochen sehen Sie ein, dass Sie noch nicht ganz erholt sind. Sie verlängern um ein paar Tage, dann noch einmal und noch einmal und am Ende sind sie bei mindestens vier Wochen angekommen. Anstatt die Zeit aber wirklich zu nutzen, haben Sie dauernd in sich hineingehorcht, ob Sie nicht doch schon so weit sind. Sie haben immer wieder etwas ausprobiert, was sie dann überfordert und wieder ein bisschen zurückgeworfen hat ...«

So ähnlich kann es sich verhalten, wenn die Eingewöhnungzeit nicht vorher klar abgestimmt wird, sondern vage Vereinbarungen bestehen – nach dem Motto: »Wir schauen mal, wie sich das Kind verhält.« Eltern, die unter Zeitdruck stehen, neigen dazu, ihr Kind zu drängen und es zu Aktivitäten zu ermuntern, die es verunsichern. Dann tritt der gegenteilige Effekt ein: Das Kind klammert sich stärker an die Eltern oder gibt auf, weil es sie als unsensibel erlebt. Eltern, die sich gar nicht gern von ihrem Kind lösen möchten, nutzen die vagen Vereinbarungen dazu, um den Abschied zu verzögern und finden »Gründe«, warum das Kind sie noch braucht. Wichtiger als die genaue Anzahl der Tage ist die gemeinsame Gestaltung der verschiedenen Eingewöhnungsphasen. Unverzichtbar ist die Kennenlernphase, die häufig unterschätzt wird.

Mit den Eingewöhnungsphasen sind ganz klare Ziele verbunden, die eine gewisse Zeit brauchen, aber auch realistisch in dieser Zeit erreicht werden können. Dabei geht es nicht nur um die Anzahl der Tage, sondern vor allem auch um die Anzahl der Stunden. Viele Eltern gehen davon aus, dass es genügt, kurze Besuche in der Einrichtung abzuleisten. Der Alltag wird für das Kind jedoch auf diese Weise nicht durchschaubar. Je kürzer die Zeit, die die Eltern mit dem Kind in der Einrichtung verbringen, umso mehr Tage werden auch benötigt.

## Die zweite Phase: Das Kennenlernen

»Wir beginnen mit einer ›Schnupperwoche‹. In dieser Woche erkunden die Mutter und/oder der Vater mit dem Kind den neuen Lebensraum. Sie erhalten Einblick in unseren pädagogischen Alltag, sie können uns im Umgang mit den Kindern beobachten und die Aktivitäten der Kinder verfolgen.« (Prokop 2008, S. 14) Alle Beteiligten sollen sich gegenseitig kennenlernen. Die Eltern und das Kind erfahren, wie sich diese Einrichtung »anfühlt«, wie dort gearbeitet wird: Im Alltag wird erlebt, wie es zum Beispiel ist, müde, hungrig oder neugierig zu sein. Wie gehe ich auf andere zu? Wie lange dauert ein Tag? Wie lange dauert ein Essen, wann kommt das Essen? Wo spielen die Kinder, wo werden sie gewickelt? Was ist eine Kinderkonferenz oder ein Morgenkreis? Wie bringen andere Eltern ihre Kinder und wie holen sie sie ab?

Die ersten vier oder fünf Tage sind dem Kennenlernen gewidmet. Die Eingewöhnung beginnt meist am Dienstag. Am Montag müssen sich die Kinder in der Einrichtung erst wieder vom Wochenende einfinden. Sie sind vielleicht etwas aus dem gewohnten Rhythmus, haben viel zu »erzählen« und brauchen die ganze Aufmerksamkeit ihrer ErzieherInnen, um diesen »kleinen« Übergang wieder gut zu meistern.

Die Bezugserzieherinnen oder Bezugserzieherinnenteams sind die Ansprechpartner für die Eltern und Kinder und sollen helfen, die Fülle an Angeboten, Personen und Informationen für die Neuen durchschaubar zu machen. In diesem Sinne sind sie die Gastgeber. Die Kennenlerntage sind wichtig, damit die Eltern und ihr Kind erleben, dass nicht nur die eine Erzieherin eine gastfreundliche Person, sondern die ganze Kindertagesstätte ein gastfreundliches Haus ist und sich die Erzieherinnen und Erzieher zwar alle individuell unterschiedlich verhalten, im Team jedoch gemeinsame pädagogische Grundhaltungen gelebt werden und alle gemeinsam Verantwortung für die Kinder übernehmen. Die Eltern und das Kind bekommen auf diese Weise Vertrauen in die gesamte Institution. Teams vermeiden so, dass Eltern sich hilflos und verlassen fühlen, wenn die Bezugserzieherin einmal nicht anwesend ist. Wer nach der Eingewöhnung beim Ankommen der Eltern nicht den Satz »Ist denn heute gar niemand da?« hören möchte, sollte ihnen diese Gelegenheit zum Kennenlernen geben.

Das bereits beschriebene Eingewöhnungsbüchlein tut auch in dieser Zeit gute Dienste. Dieses Büchlein soll den Eltern helfen, die eigenen Eindrücke zu dokumentieren und zu verarbeiten und kann ihnen als Gedächtnisstütze für das Gespräch am Ende der ersten Woche dienen. Auch in den weiteren Tagen bleibt das Eingewöhnungsheft wichtig. Wenn die Eltern Fragen oder Erlebnisse notieren können, müssen sie sie nicht immer sofort loswerden. Erzieherinnen werden dann nicht so oft in ihrem Tun unterbrochen, weil die Mutter die Antwort abwarten kann, ohne Angst haben zu müssen, dass später alles vergessen ist.

In den ersten vier Tagen werden die Eltern ermuntert, sich frei durch das ganze Haus zu bewegen und alle Erzieherinnen und Kinder kennenzulernen. Die Bezugserzieherin hilft ihnen bei Bedarf, beantwortet Fragen oder erklärt Zusammenhänge. Ansonsten hält sie sich aber weitgehend zurück. In dieser Zeit hat sie vor allem eine beobachtende Rolle und kann so die Individualität des Kindes am besten kennenlernen. An den Kennenlerntagen sind die Eltern für ihr Kind verantwortlich. Sie sollen die ganze Einrichtung kennenlernen und dies nach Möglichkeit mit den Augen und im Tempo ihrer Kinder versuchen. Die Eltern sollten ihre Anwesenheit so legen, dass sie auch bestimmte Abläufe und Prozesse im Tagesgeschehen gemeinsam mit ihrem Kind erfahren: Sie könnten an einem Tag so früh kommen, um auch die Bringzeit anderer Kinder zu erleben. Eltern und Kinder sehen so am Modell anderer, wie diese in die Gruppe kommen, wie sie begrüßt werden, welche individuellen Rituale gelebt werden, wie die Eltern sich verabschieden und wie die Kinder dann den Tag beginnen. Sie sollten beim Morgenkreis anwesend sein, ein Frühstück erleben und ein Gespür für die Aufnahmebereitschaft ihres Kindes entwickeln. An einem anderen Tag könnten die Eltern erst nach dem Frühstück kommen, um ihr Kind nicht zu überfordern, wenn sie bis zum Mittagessen bleiben. Oder sie treffen erst nach dem Mittagsschlaf ein, um auch den Nachmittag mitzuerleben. Es ist durchaus günstig, wenn das Kind und die Eltern auch beobachten können, wie die anderen Kinder schlafen gehen. Aus Rücksicht auf sie klammern viele Einrichtungen die Zeit aber aus.

In den ersten vier Tagen wickeln und füttern die Eltern ihr Kind bei Bedarf und auch unabhängig von den in der Einrichtung üblichen Zeiten. Die »Gastgeberinnen« sind hier meist sehr sensibel und spüren, wenn Mutter oder Vater unsicher sind, was sie wann wo und wie tun können. Manchmal bieten die Erzieherinnen einen Rückzugsort an, damit die Mutter ungestört ihr Kind füttern kann, sie stellen das Bad zur Verfügung und lassen die Mütter oder Väter erst einmal allein wickeln, damit

diese sich nicht beobachtet fühlen und den Raum erkunden können. Oft sind die Eltern aber auch froh, wenn die Erzieherin dabei bleibt und Sicherheit bietet. Manchmal machen die neuen Kinder zwischendurch auch ein kleines Nickerchen im Beisein der Eltern, und es ist schon vorgekommen, dass auch Vater oder Mutter dabei vor Erschöpfung eingeschlafen sind. Denn auch Beobachten und Kennenlernen strengen an.

Die meisten Eltern bleiben täglich zwei bis drei Stunden zu unterschiedlichen Tageszeiten mit ihrem Kind in der Einrichtung, manche auch länger. Besuche von weniger als einer Stunde sind vielleicht für die Erwachsenen ausreichend, ein Kleinkind kann sich in so kurzer Zeit nicht informieren. Es braucht die Zeit, um die verschiedenen Informationen aufzunehmen, die ihm ja niemand sprachlich übermitteln kann. Die Kinder sind damit auch nur ganz selten überfordert. Sie wählen selbst aus, was sie wie intensiv wahrnehmen möchten und schalten bei Bedarf ab. Es ist für alle Beteiligten wichtig, dass das Kind spürt, dass es auch dann willkommen ist, wenn es sich überfordert und unwohl fühlt, und dass auf seine Bedürfnisse eingegangen wird.

Unabhängig vom Alter zeigen die meisten Kinder bereits in diesen ersten Tagen ein großes Interesse an dem Tun der anderen Kinder, wenn sie nicht gedrängt werden, sich zu beteiligen oder auf die Kinder zuzugehen. Meist beobachten die Kinder intensiv und mit großer Ausdauer einzelne Kinder bei einer Aktivität.

Ein Beispiel: Die einjährige Lea kommt in ihren ersten Eingewöhnungstagen mit ihrer Mutter zum Frühstück in die Gruppe. Alle Kinder sitzen an zwei kleinen Tischen und klopfen mit den Fäusten auf die Platte, um Töne zu erzeugen, bis das Essen auf dem Tisch steht. Lea krabbelt sehr zügig von ihrer Mutter weg zur Tischkante, zieht sich hoch, sieht sich in der Runde um, lächelt und klopft mit. Das hat sie Zuhause so noch nie erlebt und genießt sichtlich die gleichaltrige Gesellschaft, der dieses Spiel ebensoviel Freude macht.

Es ist wichtig, dass Eltern ihren Kindern diese Zeit geben und nicht zu schnell von einer Situation in die nächste springen. Die Eltern sollten nicht das Gefühl haben, sie müssten ein Kennenlernpensum abarbeiten und alles »erwischt« haben. Oft ist es für die Kinder günstiger, wenn sich die Eltern mit dem Kind in eine Ecke setzen und die Dinge auf sich zukommen lassen. Meist kommen andere Kinder vorbei, fragen etwas, bringen einen Gegenstand, berühren das neue Kind und gehen wieder ihrer Wege. In den ersten Tagen sollten sich die Eltern einfach auf das einlassen, was geschieht – nicht alles kann geplant werden. Um dieses Einlassen, diese Gelassenheit und das Tempo der Kinder aufzunehmen, sind längere Anwesenheiten notwendig.

Ein Beispiel: Katharina (sieben Monate) ist mit ihrer Mutter den zweiten Tag in der Einrichtung. Die Mutter wollte sich vor dem Mittagessen verabschieden, aber Katharina hat Hunger. Beide werden es nicht mehr gut bis nach Hause schaffen. Die Erzieherin bittet die Köchin schnell das Gläschen zu wärmen und lädt die Mutter ein, sich an den Tisch im Gruppenraum zu setzen. Die Mutter füttert Katharina, während die anderen Kinder seelenruhig den Tisch decken, den Essenwagen hereinfahren, sich an den Tisch setzen und der Reihe nach die Mahlzeit ausschöpfen. Auch Katharina lässt sich nicht stören. Als die anderen Kinder mit dem Essen beginnen ist Katharina satt und aufnahmebereit. Ganz genau schaut sie einzelnen Kindern zu, wie sie essen. Ab und zu blickt sie sich zu ihrer Mutter um und lächelt

– so, als ob sie sagen möchte: »Hast du das auch gesehen? Ist das nicht toll, wie die das hier machen?« Die Mutter lächelt zurück. Schließlich fragt ein Kind: »Hat die Katharinamama keinen Hunger?« Man spürt, dass die Kinder Gäste gewohnt sind und sie niemanden hungrig am Tisch sitzen lassen würden. Die Mutter bedankt sich und meint, dass sie jetzt gleich nach Hause geht und dort in Ruhe Kaffee trinken wird. Dann erschrickt sie, weil sie glaubt, etwas Ungehöriges gesagt zu haben und die Kinder jetzt alle womöglich nachhause wollen. Aber die Kinder sind nur beruhigt, dass die Mutter nicht hungern muss und essen einfach weiter.

Von solchen Erlebnissen berichten Erzieherinnen häufig. Eine Leiterin im Kindergarten erläuterte zum Beispiel den neuen Eltern, dass die Kinder nach einer gewissen Zeit nach Absprache auch allein in den Garten gehen dürfen. Ein Vater meinte besorgt: »Haben Sie nicht Angst, dass die Kinder weglaufen könnten?« »Wieso sollten sie weglaufen«, erwiderte die Leiterin, »es gefällt ihnen doch hier.«

Noch geprägt von gesellschaftlichen Vorurteilen glauben Eltern nicht, dass die Kinder freiwillig in der Kindertageseinrichtung bleiben würden, wenn sie die Wahl hätten, und trauen sich deshalb nicht, das Zuhause zu erwähnen. Kinder sprechen aber in der Einrichtung oft von Zuhause, ihren Eltern oder Geschwistern, ohne dass sie das irritiert oder sie gar darunter leiden. Nach ein paar Monaten sind diese verschiedenen Lebenswelten für die Kinder so selbstverständlich wie für Erwachsene der Arbeitsplatz.

Die Kennenlerntage dienen auch dazu, dass die Kinder Situationen, Bereiche, Personen, Räume, Materialien oder Angebote entdecken, die für sie besonders attraktiv sind. Die Eltern werden gebeten, ihre Vermutungen und Beobachtungen zu notieren. Und auch die Bezugserzieherin versucht immer wieder, solche Situationen aufzuspüren und festzuhalten. Am Ende der Kennenlerntage findet ein ausführliches Gespräch zwischen den Eltern und der Bezugserzieherin statt, in dem die vergangenen Tage ausgewertet und die nächsten geplant werden.

## Die dritte Phase: Sicherheit gewinnen

In den nächsten sechs Eingewöhnungstagen – von Montag bis einschließlich Montag – sollen Eltern und Kinder die Sicherheit gewinnen, die sie brauchen, um sich voneinander trennen zu können. Sicherheit bedeutet, dass man die Ereignisse zu einem gewissen Grad vorhersehen kann. Die Welt wird durchschaubar und planbar. Die Befürchtung, dass ständig etwas Unvorhersehbares passieren könnte, etwas, das sich der eigenen Kontrolle entzieht, macht Kindern und Erwachsenen Angst. Während die ersten vier Tage für Eltern und Kinder gleichermaßen wichtig sind, um lebendige Informationen über die Kindertagesstätte zu gewinnen, sind die nächsten Tage vor allem für das Kind wichtig. Die Eltern müssen diese Zeit für ihr Kind investieren.

Kinder gewinnen Sicherheit durch Wiederholung. In den ersten drei Lebensjahren nimmt das forschende Spiel viel Zeit ein. Dabei testen die Kinder mit großer Ausdauer und ohne funktionalen Druck die Frage: Wenn ich das so mache, tritt die Wirkung dann nur einmal auf oder passiert das immer so? Fällt der Löffel immer herunter, wenn ich ihn loslasse? Was muss ich machen, damit ein Geräusch entsteht, und funktioniert das immer so? Passen die Korken immer in die Flasche, wenn ich sie hineinfallen lasse, und kann ich sie dann

auch immer wieder herausholen? Das Erkennen von Wenn-Dann-Beziehungen schafft auch im sozialen Kontakt Sicherheit: Kommt der Papa immer, wenn ich weine? Lächelt die Mama immer, wenn ich sie anlächle? Heißt ein Nein immer nein?

Je nach Alter kommen die Kinder schon mit gewissen Vorerfahrungen und Kenntnissen über die Welt in die Einrichtung. Nun sollen sie erleben, dass diese Kenntnisse wertvoll sind und sie diese erfolgreich nutzen können. Die Kinder sollen sich als kompetent erleben. Damit sie wesentliche Ereignisse vorhersehen und Zusammenhänge durchschauen können, hat es sich bewährt, jetzt die Fülle an Angeboten zu reduzieren und auf Wiederholung zu setzen. Im Alltag werden bestimmte Situationen inszeniert. Das Kind kann auf diese Weise in wichtigen Bereichen Sicherheit gewinnen. Im Laufe der Woche werden sich die Eltern immer mehr zurücknehmen und die Aktivität der Erzieherin überlassen. Sie bleiben aber als »sicherer Hafen« jederzeit für das Kind verfügbar. Täglich finden kurze Reflexionsgespräche mit den Eltern über den Verlauf der Eingewöhnung statt, die zum gegenseitigen Verständnis beitragen. Falls der Tagesablauf mit der Gruppe ein ruhiges Gespräch nicht zulässt bzw. die Mutter nicht in Anwesenheit des Kindes über Schwierigkeiten oder heftige Gefühle sprechen möchte, können diese Unterhaltungen auch am Abend telefonisch erfolgen.

Nach Absprache mit der Erzieherin kommen die Eltern in den nächsten Tagen regelmäßig zur gleichen Zeit in die Einrichtung. Diese Anwesenheit sollte in etwa die Zeitspanne umfassen, in der das Kind anschließend allein in der Kindertagesstätte bleibt. Meist handelt es sich dabei um den Vormittag – von circa 9 Uhr bis zur Schlafenszeit am Mittag. Dass das Kind in dieser relativ langen Zeitspanne nicht ununterbrochen aktiv, aufnahmefähig und guter Laune ist, ist durchaus erwünscht. Das Kind soll ja gerade in Anwesenheit der Mutter, die Sicherheit bietet, erleben, dass es auch in kritischen Phasen angenommen und gut betreut wird. Auch in offenen Häusern wird nun der Tagesablauf für das Kind stärker strukturiert und ritualisiert, angepasst an seine Bedürfnisse und Fähigkeiten, die in den vergangenen Tagen beobachtet wurden. Die Angebote können sich auf bestimmte Räume konzentrieren, einzelne Kinder oder Kleingruppen bleiben mit dem Kind in Kontakt, attraktive Angebote und Materialien werden zur Verfügung gestellt.

Während der Kennenlerntage konnten die neuen Kinder bereits beobachten, was die pädagogischen Fachkräfte in der Einrichtung machen, welche Rolle sie spielen und was man von ihnen erwarten kann. Sie haben erlebt, dass Erzieherinnen Kinder gut betreuen. Sie schützen sie, wenn es gefährlich wird; sie ermöglichen schöne Aktivitäten und sind für alle Kinder in gleichem Maße da. Die Sicherheit, dass das immer so ist, wird das Kind nun besonders an seiner Bezugserzieherin erleben. In vielen konkreten Einzelsituationen erfährt das Kind, dass sie verlässlich ist.

Für den Aufbau der Beziehung ist es empfehlenswert, dass die Erzieherin zu Anfang nur indirekt Kontakt mit dem neuen Kind aufnimmt. Dies kann auf verschiedene Weise geschehen: Sie kann dem Kind ein beliebtes Spielzeug oder Material anbieten; sie wird gute Erfahrungen verstärken und auf die Signale des Kindes reagieren, indem sie ihm antwortet und sein Tun wertschätzt. Die Erzieherin kann dem Kind helfen, indem sie die Beziehung zwischen dem neuen Kind und der Kindergruppe fördert. Dabei sollte sie sich mehr auf die Kontakte konzentrieren, die von den Kindern selbst hergestellt werden, als selbst Kontakte zu initiieren. Sie kann unterstützend Material anbieten, sich über die Spielsituation freuen, sich den Kindern positiv zuwenden und versuchen, bei Missverständnissen und Konflikten zu vermitteln. Kindergruppen sind für Kinder nicht per se bedrohlich. In der Auswertung des Projekts »Familie und Krippe« in München kommt Beller zu dem Schluss: »Die Annäherung anderer Kinder an das Eingewöhnungskind ist für dieses in der Regel nicht bedrohlich. Kleinstkinder haben selten Angst vor anderen Kindern. Im Gegenteil, andere Kinder und die Kindergruppe sind für das einzugewöhnende Kind häufig eine Quelle von Vertrauen und, in einem gewissen Sinn, von Sicherheit. … Kinder und die Kindergruppe bieten dem Kind ganz andere Möglichkeiten als Erwachsene. Sie sind nicht so groß und mächtig wie erwachsene Betreuerinnen und daher weniger bedrohlich. Kinder ertragen und lernen, Konflikte viel leichter mit anderen Kindern als mit Erwachsenen zu lösen. Die Vermittlung positiver und negativer Gefühle von anderen Kindern hat eine weniger intensive Auswirkung auf das Kind als dieselben Erfahrungen, besonders mit Erwachsenen, mit welchen das Kind eine enge Beziehung hat.« (Beller 1994, S. 48)

Über das Modell der Interaktion der Erzieherin mit anderen Kindern lernen Mutter und Kind, wie sorgfältig die Erzieherin in den Situationen agiert und wie feinfühlig und überlegt sie auf die Signale der Kinder reagiert.

Zwei Beispiele: Die zweijährige Jana hatte einen kleinen Unfall. Beim Laufen war sie einem schaukelnden Kind in die Quere gekommen und wurde umgeschubst. Jana weint und läuft zur Erzieherin. Diese geht in die Knie – auf Augenhöhe des Kindes spricht sie mit ihm, betrachtet und befühlt die Stelle, auf die es zeigt. Die Erzieherin tröstet undramatisch, relativiert den Schmerz von

Jana aber auch nicht. Nach kurzer Zeit will Jana wieder weiterlaufen.

Alexander hat sich heute schwer von seiner Mutter getrennt. Die Erzieherin sitzt auf einem kleinen Stuhl; sie nimmt ihn so auf den Schoß, dass er in die Gruppe blicken kann. Sanft streichelt sie den Rücken des Kindes und fasst seine Gefühle in Worte. Ein anderes Kind kommt dazu. Die Erzieherin erklärt, dass Alexander heute Kummer hat. Das andere Kind scheint seinen Schmerz zu verstehen; es streckt die Hand nach ihm aus und küsst vorsichtig sein Knie. Ein paar Minuten lässt sich Alexander von der Erzieherin noch »den Rücken stärken«, dann krabbelt er von ihrem Schoß und geht zu den anderen Kindern. Das neue Eingewöhnungskind lernt durch Beobachtung und am Modell der Interaktion, dass es sich auch selbst bei Kummer an die Erzieherin wenden kann. In Auswertungsgesprächen mit Eltern zeigt sich immer wieder, dass es gerade solche kleinen »Unglücksfälle« sind, die den Eltern Sicherheit geben und das Vertrauen in die Kinderkrippe stärken.

In den ersten Kennenlerntagen war es ratsam, dass die Erzieherin noch keinen Körperkontakt zu einem neuen Kind herstellte. Die Pflegesituationen bieten nun eine natürliche Gelegenheit dazu. Bisher hat allein die Mutter oder der Vater das Kind gewickelt und gefüttert. Die Erzieherin beobachtete, unterstützte die Eltern mit wohlwollenden und wertschätzenden Bemerkungen. Nun werden die Rollen vertauscht: Die Erzieherin wickelt und füttert im Beisein von Mutter oder Vater, die Eltern beobachten und kooperieren. Es ist für das Kind sehr wichtig, dass hier eine freundliche und kooperative Atmosphäre herrscht und kein Zwang ausgeübt wird. Das Kind darf lernen, es muss nicht schon alles können. Die Erzieherinnen müssen dabei die Eltern auch nicht kopieren; sie können ruhig auf ihre Art verfahren und feinfühlig auf die Signale des Kindes reagieren. Es geht hier nicht um einen Wettbewerb zwischen Eltern und Fachkräften.

Häufig wird unterschätzt, dass auch Kindergartenkinder ihre Eltern als Unterstützung in Pflegesituationen brauchen und nicht möchten, dass diese Aufgaben sofort von der Erzieherin übernommen werden. So kann die Erzieherin beobachtend dabei sein, wenn die Mutter den Hosenknopf öffnet oder ihr Kind anderweitig beim Toilettengang unterstützt. Das Kind merkt so, dass hier nichts Peinliches geschieht und es auch die Erzieherin um Hilfe bitten kann. Auch beim Essen passieren Missverständnisse. Ein Kind wollte zum Beispiel die geliebte Pizza im Kindergarten nicht essen, weil es die Erzieherin nicht bitten wollte, die Speise in Stücke zu schneiden … Auch noch im Grundschulalter peinigen viele Kinder vor allem Ängste in Körperpflegesituationen. Sie trauen sich nicht, ihr Pausenbrot zu essen oder die Schultoilette zu benutzen, wissen nicht, wann sie trinken oder sich die Nase putzen dürfen.

Erst wenn das Kind sich aktiv an den Pflegesituationen beteiligt, die die Erzieherin gestaltet, kann eine Trennung erwogen werden. In all diesen Situationen antwortet die Erzieherin auf die psychischen Grundbedürfnisse des Kindes nach Sicherheit und Zugehörigkeit zu einer menschlichen Gemeinschaft, Autonomie und Kompetenz. Sie tut dies auf eine professionelle Art und Weise und hält bei aller Nähe die notwendige emotionale Distanz. Das Kind soll nicht von ihr emotional abhängig werden. Die Erzieherin weiß, dass sich das Kind auch dann in der Einrichtung wohl fühlen wird, wenn sie nicht mehr da ist. Sie entwickelt zu dem Kind eine wertschätzende, verlässliche und vertrauensvolle Beziehung. (Winner 2013)

## Die vierte Phase: Vertrauen aufbauen

Schulkinder sollen in unserer Gesellschaft eine positive Einstellung zu gesellschaftlichen Bildungsinstitutionen entwickeln. Diese Haltung findet in der Kinderkrippe ihren Anfang: Das Kind entwickelt nicht nur Vertrauen in eine Person, während der Eingewöhnung entstehen auch erste Keime von Vertrauen in eine Institution. Sowohl Eltern als auch Kinder sagen: »Ich gehe in die Kita, die Kinderkrippe, den Kindergarten.« Sie sagen nicht: »Ich gehe zu Frau ...« Allein das Vertrauen zu einer neuen Bezugsperson reicht nicht aus, damit das Kind ohne Eltern in der Einrichtung bleiben kann. Die Kindertageseinrichtung darf keine fremde Situation mehr sein, wenn das Kind ohne die Eltern dort bleiben soll. Erst wenn das Kind den anderen Personen in der Einrichtung traut und sich selbst zu-traut, am Kitaleben teilzunehmen, ist die Phase Ver-Trauen erreicht.

## Wann sollte die erste Trennung stattfinden?

Es gibt wohl kaum eine schwierigere Frage als die nach der ersten Trennung. Im Münchener Eingewöhnungsmodell wird folgender Standpunkt bezogen:

Keine Trennung in den ersten sechs Tagen! Frühe Trennungen auch nur für wenige Minuten am vierten Tag noch während der Kennenlernphase bedeuten für das Kind, die Eltern, die Kindergruppe und die Erzieherin großen und unnötigen Stress und verlängern oft die Eingewöhnungsdauer insgesamt. Das Kind empfindet diese Trennung als große Verunsicherung und häufig auch als einen Vertrauensbruch. (van Dieken 2012) Häufig wird eine frühe Trennung damit begründet, dass sich das Kind sonst an die Situation gewöhnen würde, dass es von der Mutter in die Einrichtung begleitet wird und

sich dann gar nicht mehr trennen möchte. Diese Ängste sind aber völlig unbegründet. Das Kind erlebt ja während der Eingewöhnungszeit tagtäglich, dass die anderen Kinder von ihren Eltern gebracht und wieder abgeholt werden, und dass diese Kinder keineswegs unter der Abwesenheit der Eltern leiden. Kinder können sich von ihren Eltern erst dann gut trennen, wenn sie in der neuen Situation eine gewisse Sicherheit erlangt haben und diese für sie attraktiv ist. Dafür brauchen Kinder im Alter von sechs Wochen bis zu drei Jahren auf jeden Fall zwei Wochen Zeit. Die erste Trennung kann deshalb erst am elften oder zwölften Eingewöhnungstag erfolgen.

Sich trennen kann man nicht üben. Auch Kinder, die vorher bereits in einer Kinderkrippe betreut wurden, brauchen beim Eintritt in den Kindergarten wieder eine Eingewöhnungszeit. Die Mutter eines ehemaligen Krippenkindes erzählt: »Ich dachte, der Kindergartenübergang wird recht unkompliziert, denn mein Kind kennt bereits vieles. Es ist gewohnt, sich von mir zu trennen; es kommt mit anderen Kindern zurecht und der Tagesablauf ist sehr ähnlich wie in der Krippe. Doch bereits nach den ersten Tagen im Kindergarten wollte meine Tochter nicht mehr in die neue Einrichtung, sondern wieder in die Krippe zurück. Ich dachte, es fällt ihr noch schwerer, wenn wir die Krippe besuchen gehen, und versuchte sie mit allen positiven Argumenten für den Kindergarten zu gewinnen. Tag für Tag das gleiche Lied. Sie zog sich zurück, beteiligte sich wenig, und meine Not, wie es gut werden könnte, wuchs. In meiner Verzweiflung habe ich dann doch in der Krippe nachgefragt, ob wir nochmals zu Besuch kommen dürfen. Wir waren herzlich willkommen und meine Tochter sah sich in ihrer Krippengruppe um. Nach circa einer halben Stunde kam sie zu mir und sagte, dass sie jetzt weiß, wie die neue Gruppe aussieht und da nicht mehr bleiben möchte. Da seien so viele kleine Kinder und sie ist ja schon ein Kindergartenkind. Ab diesem Tag war sie ein Kindergartenkind, das mit Freunde in ihre neue Einrichtung ging.«

Sich gut trennen zu können bedeutet keineswegs, dass die Kinder anschließend immer Freude strahlend und ohne Tränen in die Gruppe kommen. Es bedeutet vielmehr, dass sie die Trennung akzeptieren und ihren Schmerz überwinden, weil in der Einrichtung interessante Erfahrungen auf sie warten. Auch Kleinkinder haben meist schon mehrere Trennungserfahrungen gemacht, ohne dass das von den Erwachsenen so gesehen oder bewertet wurde. Sie haben erlebt, wie die Mutter aus dem Zimmer ging, aus ihrem Blickfeld verschwand und wiederkam, als sie sich durch Schreien und Rufen bemerkbar gemacht haben. Sie wurden für kurze Zeit im Café einer Freundin übergeben, weil die Mutter auf die Toilette musste, oder wurden älteren Geschwistern überlassen, damit die Mutter einkaufen gehen, Wäsche aufhängen oder Essen kochen konnte. Sie mussten einen berufstätigen Elternteil am Morgen verabschieden, die Oma nach einem Sonntagsbesuch wieder gehen lassen; die Kinder kamen in fremde Wohnungen und Räume und erlebten die Wiederkehr der vertrauten Personen.

Trennungen fallen aber nicht unbedingt leichter, wenn man sie schon oft erlebt hat. Wie wir uns in Trennungssituationen verhalten, wird nicht nur von Erfahrungen und Modellen beeinflusst, sondern auch von dem persönlichem Temperament, der momentanen Stimmung und der Beziehung zu der jeweiligen Person. Entscheidend für die Einschätzung des Eingewöhnungsverlaufs ist nicht die Trennungssituation selbst, sondern das Verhalten des Kindes vor und nach der Trennung.

## Das Verhalten vor der Trennung – Kriterien für den Trennungszeitpunkt

Die entscheidende Frage an die Eltern bei der Überlegung des Trennungszeitpunktes sollte nicht nur lauten: »Denken Sie auch, dass Sie sich jetzt von Ihrem Kind trennen können?« – sondern: »Konnten auch Sie bestimmte Verhaltensweisen bei Ihrem Kind beobachten?« Folgende Verhaltensweisen zeigen, dass das Kind die Einrichtung gut kennt und eine gewisse Sicherheit entwickelt hat:

- Das Kind erkundet die nähere Umwelt auch ohne die Eltern. Es versichert sich nicht permanent durch Blicke, Zurücklaufen oder Rufen, dass sie noch da sind.
- Das Kind zeigt positive Gefühle und drückt Lust aus – nicht nur gegenüber der Mutter, sondern auch dann, wenn diese nicht unmittelbar in der Nähe ist. Je nach Alter kann das heißen: Das Kind lächelt, lacht, jauchzt, plappert, zeigt freudig erregte Körperbewegungen, schmunzelt, begleitet lustvolle Bewegungen stimmlich.
- Das Kind verhält sich responsiv. Es horcht auf, wenn es angesprochen wird, hört zu, wenn mit ihm gesprochen wird, reagiert auf Aktionen der Bezugserzieherin, schaut sie an, wendet den Kopf nach ihr.
- Das Kind kommuniziert mit der Bezugserzieherin und einigen Kindern: Es benutzt Laute, Mimik, Gestik oder Sprache in sozialen Situationen zur Kontaktaufnahme oder zur Fortsetzung der Interaktion mit Personen in der Gruppe. Es wendet sich nicht nur an die Mutter, sondern auch an die Erzieherin, wenn es Unterstützung braucht.
- Das Kind zeigt zielgerichtete Aktivitäten – es erkundet oder spielt: Es hat eine gewisse Ausdauer bei einigen Aktivitäten, interessiert sich für Gegenstände und probiert Handlungen aus. Die Augen bleiben bei der eigenen Aktivität und streifen nicht immer suchend umher.

• Das Kind beteiligt sich an sogenannten Pflegesituationen, die die Bezugserzieherin gestaltet. Kooperation kann sich je nach Alter beim Wickeln und Füttern, beim selbstständigen Essen und Anziehen unterschiedlich zeigen. Die Bezugserzieherin zeigt dem Kind zum Beispiel die Windel, und es schaut interessiert oder hebt den Po, wenn diese darunter geschoben werden soll. Es öffnet den Mund beim Füttern oder nimmt sich selbst Obststücke vom Teller. Es steckt den Ärmel in die bereitgehaltene Jacke oder sucht seine Hausschuhe.

Zumindest einige dieser beschriebenen Verhaltensweisen sollte das Kind in den Tagen vor der Trennung wiederholt gezeigt haben. Hier ist eine sorgfältige Beobachtung und Dokumentation wichtig, da sich die Kinder individuell verhalten. So kann es sein, dass sich ein Kind beim Essen und beim An- und Ausziehen bereits richtig wohl fühlt und gut kooperiert, sich aber nicht wickeln lässt. Ein anderes Kind kommuniziert schon gern mit der Bezugserzieherin und nimmt ihre Angebote freudvoll an, vermeidet aber den Kontakt zu anderen Kindern. Es kommt auch vor, dass ein Kind schnell mit anderen Kindern spielt – so, als hätte es nur auf die Kindergruppe gewartet –, in der Essenssituation aber skeptisch bleibt. Nach zehn Tagen ist deshalb ein ausführliches Gespräch über den weiteren Verlauf der Eingewöhnung und den geeigneten Trennungszeitpunkt mit den Eltern sehr wichtig. Die Eltern müssen die Entscheidung für die Trennung mittragen können und sich bei aller Gefühlsambivalenz sicher sein. Kinder in diesem Alter spüren die Gefühlslage ihrer Eltern sehr genau und versichern sich über deren Verhalten.

Zeigt das Kind nur wenige oder selten einige dieser Verhaltensweisen, ist eine Trennung nicht ratsam. Das Kind hat noch keine Sicherheit gewonnen, und die Eltern sollten noch einige Tage bei ihm bleiben. Oft genügen wenige zusätzliche Tage, weil das Kind spürt, dass seine Bedürfnisse ernst genommen werden und es an den Entscheidungen über sein Leben beteiligt wird.

## Der Tag der ersten Trennung

Die erste Trennung sollte, wenn es sich vermeiden lässt, nicht an einem Montag stattfinden. Die Eltern begleiten ihr Kind an einem anderen Wochentag wie gewohnt in die Einrichtung und bleiben noch in der Gruppe, bis es sich wieder akklimatisiert hat. Dann sollten sie sich bewusst von ihm verabschieden und sich nicht heimlich aus dem Raum schleichen. Die Verabschiedung sollte zwar klar und entschieden sein, muss aber nicht herzlos oder eilig ablaufen. Die Eltern können ihrem Kind ruhig zeigen, dass es auch ihnen schwer fällt; sie streicheln oder küssen ihr Kind und drücken es noch einmal fest. Dann sollten sie den Raum aber auch verlassen. Das Kind muss spüren können: Meine Mutter will mich nicht für immer verlassen. Aber sie ist sich auch sicher, dass das jetzt in Ordnung ist, wenn ich ohne sie hier bleibe, denn ich bin ja nicht allein. Sie hat jetzt etwas Wichtiges zu tun und ich auch. Und wenn sie damit fertig ist, kommt sie wieder.

Die Eltern sollten erfahren, dass das Verhalten ihres Kindes in dieser Situation kein Gradmesser für die Beziehung zwischen Mutter und Kind oder Vater und Kind ist. Es stellt keinen Liebesbeweis dar, wenn das Kind heftig weint. Und es ist auch nicht gefühlskalt und lieblos, wenn es sich von der Trennung wenig aus der Ruhe bringen lässt.

Erwachsenen, die sich hier unsicher sind, wird ein Besuch am Bahnhof empfohlen: Schauen Sie sich die verschiedenen Trennungsszenarien verliebter Pärchen an. Da gibt es minutenlanges heftiges Schluchzen, tapferes Winken, den Kopf einziehen und schnelles Weggehen, fast schon gefährliches neben dem Zug bis zum Bahnsteigende Herrennen oder fassungsloses Stehenbleiben.

Es hat sich bewährt, wenn die Erzieherin bei der ersten Trennung »sachlich« bleibt und sich nicht von den Gefühlen anstecken lässt oder diese bewertet. Das hat nichts mit Gefühlskälte zu tun, sondern viel mit Professionalität. Wie ein Arzt sollte sie zwar einfühlsam auf den Patienten reagieren, aber genauso wenig hilft sie ihm, wenn sie mitjammert oder ihn zurechtweist, nicht so ein Theater zu machen.

In der Trennungssituation geben uns Kinder manchmal Rätsel auf. Sie scheinen einerseits Trost zu suchen und lehnen andererseits Nähe ab.

Ein Beispiel: Die elfmonatige Pauline krabbelt zur Türe, stellt sich auf, weint und schreit, als ihre Mutter das Zimmer verlässt. Die Erzieherin bemüht sich um das kleine Mädchen, indem sie es anspricht, ein Spielzeug anbietet und andere Kinder zu ihm schickt. Erst als alle Pauline in Ruhe lassen, blickt sie über ihre Schultern neugierig zur Gruppe. Und nach einiger Zeit krabbelt sie in die Mitte des Raumes und beobachtet die Erzieherin im Spiel mit einigen Kindern.

Die Erzieherin braucht hier großes Einfühlungsvermögen und muss ihre Gefühle sehr gut reflektieren. Sie darf sich nicht als Person von dem Kind zurückgewiesen fühlen und ärgerlich reagieren, gleichzeitig muss sie sich aber auch Hilflosigkeit eingestehen und sich nicht unter Zeitdruck setzen.

Kinder, die heftige Gefühle zeigen, lösen bei Erwachsenen Stress aus. Erwachsene fühlen sich dann oft unter Druck gesetzt und reagieren durch gesteigerte Aktivität und manchmal auch durch Hektik. Meist helfen eine zurückhaltende Beobachtung und ein kurzes Innehalten besser: Was will mir das Kind sagen? Was glaube ich, braucht es jetzt? Verstärke ich die Unsicherheit des Kindes durch meine Aktivität? Was möchte ich dem Kind signalisieren? Und durch welches Verhalten kann ich das am besten?

In unseren Fortbildungen spüren die Erzieherinnen und Erzieher, dass sie in Trennungssituationen oft paradox reagieren. Sie verstehen die Wut, die Trauer, die Verzweiflung, den Zorn, die Sehnsucht, die Zweifel des Kindes und sind einerseits froh darüber, dass es diese Gefühle klar und direkt ausdrückt. Gleichzeitig möchten sie diese Gefühlsäußerungen ganz schnell abschalten, indem sie das Kind abzulenken versuchen, so tun, als wäre das doch alles gar nicht so schlimm. Ist das wirklich trösten?

Brodin und Hylander (2002) schlagen in ihrem Buch »Wie Kinder kommunizieren« vor, den Kindern ihre Gefühle zu lassen und diese zu intonieren. Wenn sich das Kind auf dem Arm zurückwirft und aufbäumt, ist es besser, es auf den Boden zu stellen. Wenn es zur Tür läuft und herzzerreißend weint, kann sich die Erzieherin neben das Kind setzen und versuchen, seine Gefühle in Worte zu fassen. Sie sollte dem Kind zeigen, dass sie es nicht allein lässt, es aber auch nicht drängen, indem sie es wegzieht, auf den Arm nimmt und woandershin trägt. Die Erzieherin könnte in ruhigem Ton immer wieder sagen: »Du bist ganz traurig, dass deine Mama gegangen ist. Nach dem Essen kommt deine Mama wieder.« Wenn die anderen Kinder in die Eingewöhnung miteinbezogen werden, kommen sie häufig dazu und beobachten die Szene. Die Erzieherin kann dann den anderen erklären, dass das Kind jetzt großen Kummer hat und sie deshalb noch ein bisschen bei ihm sitzen bleibt. Manchmal bringen andere Kinder der Erzieherin dann ein Buch oder einen Spielgegenstand und agieren stellvertretend für das Eingewöhnungskind. Meist beruhigt sich das Kind nach einer Weile und greift die Anregung der anderen Kinder auf.

Viele Eltern trauen sich nicht, ihre Gefühle während der Eingewöhnungszeit offen zu zeigen. Sie möchten es dem Kind nicht schwer machen und versuchen, sich zusammenzureißen. Die Eltern sind aber für einen gelingenden Übergang genau so wichtig wie die Kinder. In vielen Einrichtungen wurden deshalb kleine Räume oder Ecken als Elterncafés eingerichtet. Eltern können sich dort mit anderen Eingewöhnungseltern oder zum Beispiel auch Elternbeiräten während der ersten Trennungszeit treffen und austauschen, oder eine Erzieherin begleitet die Mutter/den Vater. Manchmal löst sich dabei der Kloß im Hals, manchmal fließen auch Tränen. Eltern sind meist sehr dankbar, wenn sie Verständnis finden und bei der ersten Trennung nicht allein sein müssen. Wenn die Eltern in dieser schwierigen Phase Begleitung und Unterstützung bekommen und ihre Gefühle ausdrücken und bearbeiten dürfen, gehen sie meist erleichtert und gestärkt in die Gruppe zurück, um ihr Kind abzuholen. Diese Erleichterung überträgt sich fast immer auf das Kind. Und beide gehen zufrieden nach Hause.

Die erste Trennung darf nicht zu kurz sein, weil das Kind sonst mit seinen Gefühlen nicht umzugehen lernt. Es braucht Zeit, um die Trennung zu realisieren, die Gefühle auszudrücken und wieder ins Gleichgewicht zu kommen. Gleichzeitig sollte die erste Trennung aber auch für das Kind überschaubar sein. Es sollte erfahren können, dass die Mutter oder der Vater zuverlässig wiederkommt, bevor es selbst Angst bekommt oder verzweifelt. Die Eltern sollten deshalb auch während der Trennung erreichbar bleiben.

Je nach Alter des Kindes kann man von einem Zeitraum von 30 bis 60 Minuten ausgehen. Wenn die Eltern zurückkommen, sollte der Tag in der Kindertagesstätte beendet sein. Die Eltern teilen dem Kind mit, dass sie jetzt zusammen nach Hause gehen. Das Kind wird noch fertig essen, spielen, vielleicht etwas aufräumen. Die Mutter wird sich mit der Bezugserzieherin austauschen, wie die Trennung verlaufen ist, und wie es in den nächsten Tagen weitergeht. Wichtig ist es jetzt, dass die Mutter die Wahrheit erfährt und ihr im Einzelnen berichtet wird, wie die Zeit verlaufen ist. Manchmal haben Erzieherinnen und Eltern Bedenken dies im Beisein des Kindes zu besprechen – diese Sorgen sind unbegründet. Meist erleichtern die Mutter die Berichte, und das sachliche Gespräch hilft auch, widersprüchliche und bedrückende Gefühle zu verarbeiten. Anschließend verabschieden sich Mutter und Kind von der Bezugserzieherin ebenso klar und bestimmt und gehen nach Hause. Der Tag endet mit normaler Routine.

In den nächsten Tagen werden die Trennungszeiten verlängert. Jetzt bewährt sich, dass die Mutter den ganzen Vormittag mit dem Kind in der Einrichtung war. Das Kind kann nun den Ablauf vorhersehen, die Wiederholung gibt Sicherheit. In der vierten Woche ist die erste Phase des Übergangs bewältigt. Das Kind bleibt meist schon den Großteil der vereinbarten Buchungszeit in der Kindertagesstätte.

In einigen Einrichtungen ermuntern die Erzieherinnen die Eltern, sich bereits in der zweiten Woche, meist nach sechs Tagen, für kurze Zeit von ihrem Kind zu trennen. Die Mutter verlässt nach einer klaren Verabschiedung für circa 15 Minuten den Raum, bleibt aber in der Einrichtung. Man möchte dem Kind so die Gelegenheit geben, zu erfahren, dass die Mutter mit Sicherheit immer wiederkommt.

Manchmal wünschen sich die Erzieherinnen auch, dass sich die Mutter stärker zurückhält und dem Kind mehr Freiraum lässt. Das ist für manche Mütter leichter, wenn sie gar nicht im Raum sind. Manchmal beobachten Erzieherinnen, dass das Kind versucht, die Mutter zu beschäftigen, weil es spürt, dass ihr etwas fehlt. Die Kinder lassen sich manchmal mehr auf andere Kinder oder auf die Angebote der Bezugserzieherin ein, wenn die Mutter zwar da, aber doch nicht da ist. In einigen Kindertageseinrichtungen verbringen die Eltern dann schon etwas längere Zeiten im Foyer oder im Elterncafé. Eine wirkliche Trennung ist das aber nicht. Das Kind weiß, dass die Mutter noch im Haus ist und jederzeit zurückgeholt werden kann.

In diesem Zusammenhang ist nicht wichtig, wann und wie lange wer sich wo befindet, sondern welche Absichten und Ziele verfolgt und wie die Methoden mit den Beteiligten abgestimmt werden. Hier braucht es individuelle Lösungen und Kompromisse.

## ■ Tipps und Ideen rund um die Trennung

### Das Übergangsobjekt

Unter einem »Übergangsobjekt« versteht man einen persönlichen Gegenstand, den das Kind von zuhause mitbringt. Das Übergangsobjekt soll dem Kind als Anker dienen, es behält ein Stück Zuhause auch in der Einrichtung. Diese Gegenstände sind individuell unterschiedlich: Es kann das Halstuch der Mutter sein, das noch nach ihr riecht, ein vertrautes Stofftier, ein Kissen, eine Stoffwindel, eine kleine Decke, eine Spieluhr, eine leere Dose … Das Kind kann sich nach der Trennung an dem Übergangsobjekt festhalten und sich damit trösten. Oft begleiten diese Gegenstände ein Kind viele Monate lang in die Einrichtung und verbringen dann den Tag in der Garderobe oder in dem persönlichen Fach des Kindes, weil es das Übergangsobjekt nur noch ganz selten, vielleicht zum Schlafen braucht.

### Die Liebsten im Bild

Eine oft praktizierte Idee in Kinderkrippen sind Fotocollagen für alle Kinder. Jedes neue Kind bekommt eine Fotocollage seiner Familie und der häuslichen Umgebung, ähnlich dem Foto der Liebsten in der Brieftasche. Es entstehen Bilderbücher, Collagen, Wandbilder etc., die dem Kind die tröstliche Erinnerung ermöglichen, wenn es ohne Eltern in der Kindereinrichtung ist. Diese Erinnerungen werden oftmals an Elternabenden gemeinsam hergestellt oder aktualisiert und schaffen so einen natürlichen Gesprächsgegenstand zwischen alten und neuen Eltern.

### Telefonkontakt zu den Eltern

Wenn das Kind bereits mehrere Stunden allein in der Einrichtung bleibt, hilft den Eltern ein vereinbarter Telefonanruf. Sie haben oft eine Scheu davor, »einfach so«

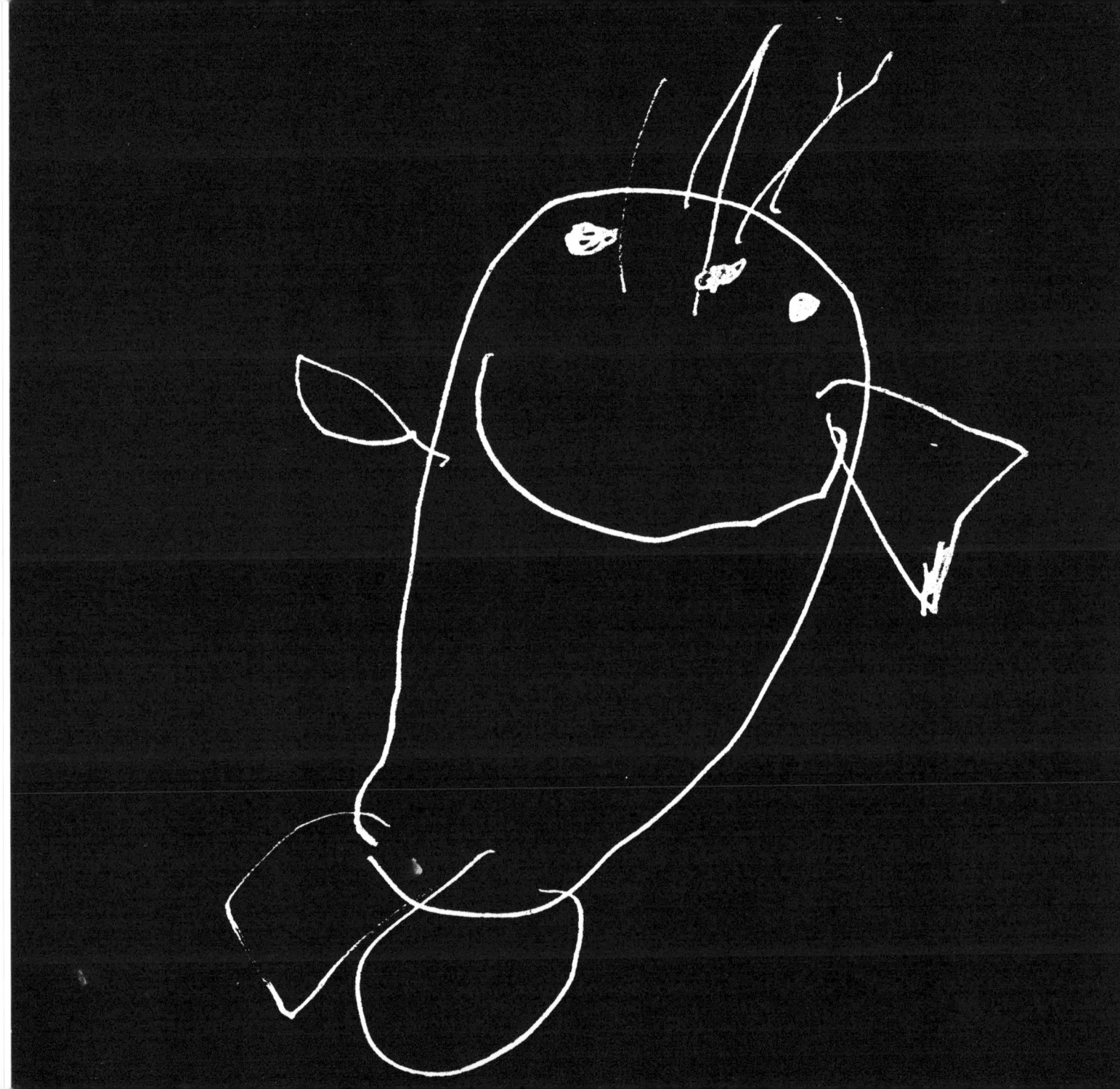

in der Einrichtung anzurufen und wollen ja auch nicht lästig sein. Wenn die Leiterin oder die Erzieherin den Anruf anbietet, sind sie manchmal sehr erleichtert. In diesem Gespräch hat Ehrlichkeit Priorität. Sollte dem Kind die Trennung schwer fallen, brauchen Eltern diese Auskunft. Sie kennen ihr Kind und werden misstrauisch, wenn immer »alles in Ordnung« ist.

## Videoaufnahmen von der Trennung und der Zeit danach

Einige Einrichtungen halten die ersten Trennungen in kleinen Filmszenen fest, um diese mit den Eltern in einem reflektierenden Gespräch zu betrachten und sich über die Gefühle aller Beteiligten auszutauschen. Die Eltern schätzen diese Aufnahmen meist sehr, weil sie wieder mit »eigenen Augen« sehen können, wie sich ihr Kind verhält und nicht nur auf Erzählungen angewiesen sind.

## Ankommen und Heimgehen – tägliche Übergänge behutsam gestalten

Auch nach der Eingewöhnung bedeuten Ankommen und Heimgehen immer wieder kleine Übergänge für die Kinder. Sie brauchen Zeit, sich auf die Veränderungen einzulassen, da sie noch nicht so gut wie Erwachsene Situationen gedanklich vorhersehen und sich darauf vorbereiten können. Sie müssen die Veränderung erspüren. Die alltäglichen Übergänge brauchen deshalb mehr Zeit. Beim Ankommen sollte das Kind mit Unterstützung behutsam in die neue Situation hineinfinden. Viele Erwachsene haben Angst vor starken Gefühlsausbrüchen der Kinder. Sie hoffen, dass kurze Verabschiedungen auch »schmerzlose« Verabschiedungen sind. Aber die Kinder brauchen oft nur ein kurzes Innehalten, um wieder mit der Situation »warm« zu werden.

Am Morgen stehen viele Eltern unter Zeitdruck. Umso wichtiger ist es, eine ruhige Atmosphäre und alltägliche Rituale zu schaffen. Hier brauchen Eltern in der ersten Zeit die Unterstützung der Fachkräfte. Eltern wie Kinder sollten das Gefühl haben, willkommen zu sein.

Ein Beispiel: Die Mutter kommt mit Luis (elf Monate) auf dem Arm in die Kinderkrippe. Bereits in der Garderobe begrüßt die Erzieherin Mutter und Kind und spricht mit ihr kurz über die momentane Situation. Wie jeden Tag streckt sie Luis ihre Arme entgegen, um ihn einzuladen, auf ihren Arm zu wechseln und die Mutter zu verabschieden. Heute möchte Luis aber noch nicht. Er dreht den Kopf weg und versteckt sich hinter der Mutter. Die Erzieherin zieht ihre Arme ganz bewusst zurück, klärt mit der Mutter, ob sie unter Zeitdruck steht und wartet. Als Luis wieder zu ihr schaut, lässt die Erzieherin die Arme ganz bewusst hinter ihrem Rücken verschränkt und spricht freundlich mit Luis und seiner Mutter. Sie drängt ihn nicht, zu ihr auf den Arm zu kommen – weder durch Gesten, noch durch Worte. Luis Blicke wechseln zwischen der Mutter und der Erzieherin hin und her. Er streichelt seine Mutter und beobachtet das Gespräch zwischen den beiden Frauen. Nach einigen Minuten streckt er seine Hände nach der Erzieherin aus. Jetzt nimmt sie Luis auf den Arm, beide winken der Mutter zum Abschied zu und betreten den Gruppenraum.

Ebenso wie Erwachsene sind auch Kinder nicht jeden Tag gleich. Auch in den besten Einrichtungen kommt es vor, dass Kinder mal »schlecht drauf sind« und nur ungern dorthin gehen. Eine verständnisvolle Erzieherin, die das nicht auf sich bezieht, kann Eltern und Kinder in so einer Situation helfen. Eine Jacke, die noch anbehalten wird, eine persönliche Begrüßung, eine Hand, die zum Frühstückstisch begleitet, jemand, der Zeit für einen Rundblick, für eine neue Orientierung lässt, erleichtern das Ankommen. Eine Person, die nicht fragt, sondern den Arm ausstreckt und die Hand anbietet – mit den Worten: »Komm mit mir, wir gehen dort hin, wo du hin willst«, tut in dieser Situation gut. Ein Kind wird nicht willkommen geheißen, indem es dauernd etwas gefragt wird, sondern seine Gefühle von der anderen Person ausgedrückt werden. Das Kind erlebt, dass der andere versteht, was in ihm gerade vorgeht. In der Entwicklungspsychologie wird diese besondere Form des Einfühlungsvermögens als Intonieren bezeichnet. Die Erzieherin nimmt die Gefühlsschwingungen des Kindes auf, wie eine Saite eines Instruments, das zum Schwingen gebracht wird, und stimmt in diese Melodie ein. Das Kind spürt den Gleichklang und erlebt sich wertgeschätzt und verstanden.

Beim Abholen können sich die Eltern oft mehr Zeit gönnen und den Kindern dann davon ein Stück zurückgeben. Jetzt kann das Kind das Tempo bestimmen. Eltern können sich in dieser Zeit auch immer wieder ein bisschen »Eingewöhnungszeit« zurückholen und in die Erfahrungswelt ihrer Kinder hineinschnuppern. Kinder genießen es, wenn sie merken, dass die Eltern sich für ihre Tätigkeit interessieren und Verständnis dafür haben, dass sie noch etwas fertig spielen wollen. Und Eltern finden es schön, wenn die Erzieherin sie emotional entlastet und zum Beispiel sagt, dass das Kind heute nach der Mutter gefragt hat und immer wieder betont, wie wichtig die Mutter für ihr Kind ist – auch wenn es jetzt gern in die Kinderkrippe geht.

## Auswerten – die Erfahrungen reflektieren und die Praxis evaluieren

## Die fünfte Phase: Die Eingewöhnung auswerten und abschließen

Die gesamte Eingewöhnungszeit wird von vielen Gesprächen begleitet. Jeder Tag endet mit einer kurzen oder längeren Unterhaltung, denn die Eltern sollen nicht mit unausgesprochenen Fragen nach Hause gehen. Nach den ersten Trennungstagen geht es meist sehr schnell: Die Eltern sind beruflich eingespannt, das Kind bleibt mittlerweile längere Zeit in der Einrichtung, die Bezugserzieherin ist vielleicht schon mit einer weiteren Eingewöhnung beschäftigt, und die Tür- und Angelgespräche fallen recht kurz aus. Es ist schade, wenn diese intensive Zusammenarbeit in der Eingewöhnung keinen wirklichen gemeinsamen Abschluss findet.

In vielen Einrichtungen werden deshalb nach Abschluss der Eingewöhnung und auch noch ein paar Wochen später Abschlussgespräche vereinbart: Die Kooperationskultur soll weiter leben und eine neue Qualität bekommen. Eltern und die beteiligten Erzieherinnen lassen die Tage noch einmal Revue passieren, teilen schöne und kritische Momente und schätzen die Bedeutung der einzelnen Phasen miteinander ein. Oft sind die Eltern während der Eingewöhnung auch emotional so in den Prozess involviert, dass sie die Bedeutung ihrer Anwesenheit gar nicht richtig wahrnehmen und wertschätzen konnten.

Hier können die Erzieherinnen den Eltern etwas für ihr Engagement zurückgeben. Sie können ihnen zeigen, wie wichtig ihr Handeln auch für die Einrichtung war, und wie sehr sie zur Qualität der Arbeit in der Kinderkrippe beitragen. Manchmal erkennen die Eltern erst in diesem Abschlussgespräch die wirkliche Bedeutung der Eingewöhnung.

Das spätere Gespräch dient dazu, den Übergang abzuschließen. Eltern und Kinder sind dann meist in der neuen Rolle angekommen. Jetzt tauschen Eltern und Erzieherinnen sich darüber aus, wie sich das Kind in den verschiedenen Erfahrungswelten verhält. Manchmal schlafen die Kinder jetzt erst später am Abend ein, weil sie in der Kinderkrippe einen längeren Mittagsschlaf halten, oder es verhält sich genau umgekehrt.

Oft tut es den Eltern gut, darüber zu sprechen, dass Befürchtungen gar nicht eingetreten sind, oder sie sind sich nun unsicher darüber, wie sie das Verhalten ihres Kindes zu Hause interpretieren sollen. Meist genießen es die Eltern auch, wenn die Erzieherin erzählt, wie sich das Kind jetzt in der Einrichtung verhält und bestätigt, dass sich die Eingewöhnung gelohnt hat. Auch Krisen können bearbeitet und besprochen werden, und es kann gemeinsam nach Lösungen gesucht werden. Von nun an gehört die Kinderkrippe zum Alltag der Familie dazu.

Auch für die Teams ist eine Auswertung der Eingewöhnungen wichtig. So werden Aussagen von Eltern dokumentiert, eigene Erfahrungen ausgewertet und das Konzept wird möglicherweise reflektiert und verändert.

# 3. Konkrete Fragen – konkrete Antworten rund um die Eingewöhnung

In unserer langjährigen Fortbildungspraxis und in den vielen Gesprächen, die wir mit Eltern zum Thema Eingewöhnung führten, begegneten uns immer wieder bestimmte folgende Fragen. Gemeinsam mit den Teilnehmerinnen und Teilnehmern haben wir Antworten erarbeitet, die wir hier zur Verfügung stellen:

## Wer begleitet das Kind?
## Mutter oder Vater – oder beide?

Die Begleitung ihres Kindes in den ersten Krippenwochen ist für viele Väter nach wie vor ein seltenes Privileg. Gespräche zeigen, wie wertvoll diese Erfahrung für sie und für die Beziehung zwischen Vater und Kind ist.

Durch ihre Rolle als zurückhaltende Begleiter während der Eingewöhnung erhalten sie die Möglichkeit, ihre Kinder zu beobachten. Sie müssen nicht immer selbst aktiv sein, etwas anbieten und zeigen, wie es eigentlich geht. Und sie erleben, dass ihr Kind sie gerade in dieser Begleiterrolle braucht. Väter sollten deshalb auch zunehmend die Chance erhalten, die Eingewöhnung mitzugestalten. Wichtig ist jedoch, dass dies nicht auf Kosten der Mütter passiert. Es spricht nichts dagegen, dass sich Väter und Mütter abwechseln oder auch gemeinsam in der Einrichtung anwesend sind.

## Soll lieber der Vater das Kind begleiten, wenn sich die Mutter nur schwer von dem Kind lösen kann?

Die Antwort lautet ganz klar: nein! Mütter, die sich nur schwer von ihren Kindern trennen können, leiden meist unter großen Verlustängsten und Zweifeln, ob es ihrem Kind in der Einrichtung gut gehen wird. Für sie ist es ganz besonders wichtig, dass sie durch die Eingewöhnung Sicherheit gewinnen. Wann, wenn nicht jetzt, kann durch die behutsame Begleitung und Unterstützung einer ausgebildeten Erzieherin gelernt werden, mit Zweifeln und Ängsten umzugehen.

Erzieherinnen reagieren manchmal verärgert auf dieses Verhalten der Mutter. Sie gehen davon aus, dass die Mutter es dem Kind und damit auch ihr unnötig schwer macht. Ein Konflikt ist vorprogrammiert. Unbewusst signalisiert die Erzieherin der Mutter, dem Kind und auch dem Vater, dass sie das Verhalten ablehnt und die Mutter, so wie sie ist, in der Einrichtung nicht erwünscht ist. Die Erzieherin sollte sich immer wieder das Ziel der Eingewöhnung bewusst machen: Alle Beteiligten sollen lernen dürfen. Das Ergebnis darf nicht wichtiger sein als der Lernprozess. Wenn die Erzieherin möchte, dass das Kind schnell satt wird, dann muss sie es füttern. Wenn sie aber will, dass das Kind essen lernt, muss sie sehr viel Geduld aufbringen. So ist es auch in dieser Situation: »Trennungen sind häufig für alle Beteiligten schmerzvoll und daher immer Stresssituationen. Aus diesem Grund sollte die Gestaltung der Eingewöhnung in die Krippe alle Beteiligten berücksichtigen: die verantwortlichen familiären Betreuungspersonen, das Kind, die Gruppenerzieherin, die Leiterin und die anwesenden Kinder. Die Eingewöhnung darf sich nicht nur auf das Kind beziehen, denn man hilft ihm wenig, wenn man nur auf seine Bedürfnisse eingeht, an die beteiligten Erwachsenen aber lediglich Forderungen stellt ...« (Beller 1994, S. 34)

Erwachsenen fällt es manchmal schwer, mit Trennung und Abschied umzugehen. Während Kinder ihre Gefühle oft direkt zeigen, zum Beispiel heftig weinen und nach wenigen Minuten wieder getröstet einem Spiel nachgehen, haben Erwachsene Angst vor diesen Gefühlen. Sie versuchen der Situation aus dem Weg zu gehen, sich »hinauszuschleichen« oder die Trennung permanent aufzuschieben. Auch Erzieherinnen und Erzieher haben manchmal Angst vor diesen Gefühlen und versuchen deshalb Mütter »schnell loszuwerden« – mit der Begründung, dass es so für das Kind am besten sei oder wegen der Kindergruppe »nicht anders gehe«.

## ■ Tipps für die Eingewöhnungspraxis

Versuchen Sie nicht, die Mutter zu verändern. Zeigen Sie ihr, dass sie – so wie sie ist – in der Einrichtung willkommen ist, und Sie Verständnis dafür haben, dass ihr dieser Übergang schwer fällt. Hören Sie bei Zweifeln und Ängsten aufmerksam zu und ermuntern sie die Mutter, selbst Antworten auf ihre Fragen zu finden, indem sie die Einrichtung kennenlernt. Geben Sie nicht zu schnell selber Antworten oder versuchen Sie nicht, die Zweifel auszuräumen und die Mutter vom Gegenteil zu überzeugen.

Stärken Sie das Kompetenzgefühl der Mutter. Zeigen Sie ihr, was sie bisher für ihr Kind schon geleistet hat, wie gut sich das Kind bereits durch ihre Unterstützung entwickelt hat, und wie wichtig die Mutter in der Eingewöhnung für ihr Kind ist. Geben Sie ihr die Möglichkeit zu erleben, dass die anderen Kinder sich in der Einrichtung wohl fühlen und sich trotzdem sehr freuen, wenn ihre Mütter wiederkommen – auch wenn sie vielleicht ein bisschen Zeit für diesen alltäglichen Wechsel brauchen.

Achten Sie darauf, dass die Mutter den Trennungszeitpunkt aktiv mitbestimmt und sich nicht nur darauf einlässt – nach dem Motto: »Ja, wenn Sie meinen, dass das jetzt schon geht ...« Machen Sie Ihre Entscheidung transparent, nennen Sie Ihre Kriterien, aber nehmen Sie der Mutter nicht die Verantwortung ab, sondern bitten Sie sie darüber nachzudenken, was ihr helfen könnte. Versuchen Sie bei der Trennung nicht das Kind von der Mutter loszueisen. Das würde Klammerreflexe nur verstärken. Die Mutter soll Ihnen das Kind aktiv übergeben. Stärken Sie die Eigenaktivität und die Eigenverantwortlichkeit der Mutter. Achten Sie darauf, dass sie nach der ersten Trennung nicht allein bleibt. Vielleicht kann sie sich mit dem Vater oder einer Freundin in einem nahegelegenen Cafe treffen und über Handy erreichbar bleiben. In einigen Einrichtungen gibt es auch ein Elterncafé oder einen eigenen Raum, in dem Mütter und Väter die Trennungszeit gemeinsam mit anderen Eltern oder mit Unterstützung einer Erzieherin verbringen können. Achten Sie aber darauf, dass wirklich eine Trennung stattfindet.

Wenn die Trennung länger dauert, überlegen Sie, ob das Kind und die Mutter wirklich darunter leiden oder es einfach der persönliche Stil der beiden ist, den sie gut kennen. Horchen Sie hier auf Ihre eigenen Gefühle und lassen Sie sich nicht in einen Strudel von Emotionen ziehen. Wenn Sie sachlich und gelassen bleiben, können Sie der Situation die Dramatik nehmen. Manchmal hilft es, dann auf Abstand zu gehen, sich zurückzuhalten und die Mutter zu bitten, Ihnen zu sagen, wann Sie das Kind nehmen sollen.

Wenn auch am Ende einer intensiven Eingewöhnung die Zweifel bei Eltern nicht ausgeräumt sind und für die Mutter die Betreuung ihres Kindes in der Kindertageseinrichtung nach wie vor nicht erwünscht ist – aus welchen Gründen auch immer – geraten Teams schnell an ihre Grenzen. Sie sollten diese Einschätzung Eltern gegenüber auch klar aussprechen und sich fachliche Hilfe und Unterstützung holen, wenn Mutter und/oder Vater zu keiner definitiven Entscheidung finden.

## »Ich kann noch nicht einmal mehr zur Tür hinausgehen …« Wie kann die Bezugserzieherin reagieren?

Immer wieder berichten Erzieherinnen, dass sich Kinder nach einer scheinbar unproblematischen Eingewöhnung im Alltag permanent an die eingewöhnende Bezugserzieherin klammern, weinen und protestieren, wenn diese den Raum verlässt, sich von anderen Kolleginnen nicht wickeln, trösten oder ablenken lassen, ihr auf Schritt und Tritt in der Einrichtung folgen und sich gar nicht auf andere Kinder einlassen. Für kurze Zeit genießen einige Erzieherinnen sogar, dass das Kind eine so intensive Beziehung zu ihnen zu haben scheint und sie »lieber hat« als andere. Schnell kann dieses kindliche »Klammerverhalten« aber lästig werden, schränkt es doch die Bewegungsfreiheit der Erzieherin stark ein. Je

mehr die Erzieherin versucht, das Klammern des Kindes abzuwehren, umso mehr gerät es in Not, wird es sich an die Erzieherin hängen. Dies kann zu einem schwer zu durchbrechenden Kreislauf führen.

Häufig liegt eine Ursache für dieses Verhalten gerade in der »unproblematischen Eingewöhnungszeit«. Wenn Eltern sich wenig Zeit für die Eingewöhnung nehmen können, wird der Fokus oft ausschließlich auf den Beziehungsaufbau des Kindes zur Erzieherin gelegt. Die Mutter kommt dann oft nur für eine Stunde und/oder am späten Nachmittag, wenn wenige andere Kinder anwesend sind und sich die Erzieherin ausschließlich um dieses eine Kind kümmern kann. Die Erzieherin bemüht sich in dieser Zeit intensiv um das Kind, sie bietet ihm interessante Spielmaterialien an und spielt allein mit ihm, während die Mutter die Situation beobachtet. Meist braucht es nur vier oder fünf solcher Besuche, bis das Kind die Mutter verabschiedet und gern auf die Angebote eingeht. Selbst, wenn die Eltern über mehrere Wochen hinweg für kurze Stippvisiten von etwa einer Stunde in die Einrichtung kommen, findet eine Eingewöhnung in den Alltag nicht statt. Der Tagesablauf und die Kindergruppe bleiben für das Kind eine »fremde Situation«.

Muss nun das Kind ohne Eltern die geplante Zeit in der Kindergruppe verbringen, wird die eigentliche Eingewöhnung von der Bezugserzieherin geleistet. Damit sind meist alle Beteiligten überfordert: Das Kind ist völlig verunsichert, weil ihm eine ganz andere Situation vorgegaukelt wurde, als es sie jetzt vorfindet. Die Mutter als verlässliche Bindungsperson ist nicht anwesend; die Erzieherin, die es als zweite Garde vielleicht akzeptieren würde, gehört ihm nicht mehr allein; die anderen Kinder, der Tagesablauf, die Angebote, das Essen, die Zeitspannen, die Rhythmen – alles ist fremd. Dass sich das Kind in dieser Not an die einzige annähernd vertraute Person klammert, ist mehr als verstehbar.

Wenn man erst einmal akzeptiert hat, dass noch keine Eingewöhnung stattgefunden hat, sollte überlegt werden, wie die Eingewöhnung unter den gegebenen Umständen geleistet werden kann. Ein Gespräch mit den Eltern über diese Situation ist sicher hilfreich. Vielleicht haben auch sie die Schwierigkeiten bereits bemerkt und denken schon über Lösungen nach. Vielleicht können der Vater, eine Tante etc. das Kind in die Einrichtung begleiten und einen sicheren Hafen im Alltag bieten.

Auf gar keinen Fall sollte sich die Bezugserzieherin dem Kind entziehen. Sie sollte vielmehr versuchen, dem Kind Kontakte zu anderen Kindern zu ermöglichen, indem sie mit dem Kind und ein, zwei weiteren etwas unternimmt. Sind erste Kontakte hergestellt, sollte die Erzieherin dennoch in der Situation bleiben, da das Kind sonst die Botschaft spüren könnte: »Sobald ich mit anderen spiele, geht sie weg.« Ein so verunsichertes Kind würde sofort wieder in Habachtstellung gehen und die Nähe der Erzieherin suchen.

Nur behutsam kann die Erzieherin dem Kind jetzt den Alltag erfahrbar machen. Eine weitere Kollegin sollte dabei unterstützen. So könnten zwei Kolleginnen und mehrere Kinder im Bad sein, wenn das Kind gewickelt wird. Die zweite Kollegin könnte mit der Bezugserzieherin zusammen ein Erfahrungsangebot bereitstellen; die Erwachsenen sollten das Kind bestärken und ermuntern, wenn es sich allein mit Material oder anderen Kindern beschäftigt. Erst wenn die Kindertageseinrichtung keine »fremde Situation« mehr ist, wird das permanente Bindungsverhalten nachlassen und das Kind kann

sich für neue Erfahrungen und Exploration öffnen. Dieser Prozess dauert meist erheblich länger als eine Eingewöhnung zusammen mit den Eltern.

## Zweijährige im Kindergarten – was passiert, wenn die Erzieherin die sprachlichen Äußerungen des Kindes nicht versteht?

Die Aufnahme von Zweijährigen in den Kindergarten stellt die Erzieherinnen unter anderem auch auf dem Gebiet der Sprachbildung und Sprachförderung vor neue Aufgaben. Häufig tun sich Erzieherinnen schwer, die sprachlichen Äußerungen zu verstehen – das passiert bei deutschsprachigen Kindern genauso wie bei Kindern mit einer nicht deutschen Muttersprache. Die Erzieherin muss also die Sprache der Kinder kennen und verstehen lernen.

Die Eltern sind hier bedeutsame Dolmetscher für ihre Kinder: Zweijährige sprechen für fremde Erwachsene oft kaum verständlich. Das ist meist ganz normal und kein Grund zur Sorge. Beim Übergang vom Einwortsatz zu Zwei- und Mehrwortsätzen wird die Aussprache der Kinder häufig wieder »schlechter«. Auch Eltern müssen dann manchmal sehr genau hinhören, was ihr Kind sagt. Die Anforderung, längere Lautketten zu bilden und sie mit Bedeutungen zu verknüpfen, geht meist auf Kosten der deutlichen Artikulation. Das ist verständlich und verbessert sich meist nach einer Übungsphase. Aber erst von Vierjährigen kann man erwarten, dass sie für einen fremden Erwachsenen verständlich sprechen.

Schwierig wird es nur, wenn die Erzieherinnen das Gespräch mit dem Kind vermeiden, weil sie es nicht beschämen wollen. Kinder mit einer nicht deutschen

Muttersprache sind hier oft besonders benachteiligt. Gerade wenn sie sich schon gern in ihrer Sprache ausdrücken, reagieren die Erzieherinnen oft unsicher. Häufig verstummen Kinder dann.

Ein weiteres Verständigungsproblem stellen die subjektiven Wortbedeutungen der Kinder in diesem Alter dar. Sie wissen bereits, dass man mit Worten bei einem Gegenüber etwas bewirken kann, dass Worte mit Gegenständen und Situationen verknüpft werden können. Mit Unterstützung seiner sozialen Umgebung füllt das Kind in den ersten drei Lebensjahren die Worte mit seinen Erfahrungen und nach seinem eigenen Plan. Die Wortbedeutung ist noch vollständig an subjektive Erfahrungen und Bewertungen geknüpft. Losgelöst von dem individuellen Kind ist sie nicht zu verstehen. Erwachsene vergessen das oft. »Jede Wortbedeutung in jedem Alter stellt eine Verallgemeinerung dar. Aber die Wortbedeutungen entwickeln sich. Mit dem Augenblick, da sich das Kind erstmals ein mit bestimmten Bedeutungen verbundenes Wort angeeignet hat, steht das Wort nicht am Ende, sondern erst am Anfang seiner Entwicklung.« (Wygotski 1979, S. 171)

In solchen Situationen hat sich Folgendes bewährt: Die Erzieherin lässt sich von den Eltern Worte oder Sätze aufschreiben, die das Kind kennt und gern aufgreift. Sie nutzt die Eingewöhnungszeit, um möglichst viel über das sprachliche Verhalten des Kindes zu erfahren. Sie greift auf die hundert Sprachen der Kinder zurück und schaltet einfach einmal den Ton ab. Es ist erstaunlich, wieviel Erwachsene verstehen, wenn sie beobachten, was das Kind tut, und nicht nur hören, was es sagt. Sie bleiben in jedem Fall mit dem Kind im Gespräch und antworten ihm in ihrer Sprache. Sie schaffen gemeinsame Erfahrungsangebote. Die Tätigkeit schafft dann die

Basis für Verstehen. Und sie lassen sich von den anderen Kindern helfen, die meist alle Sprachen perfekt verstehen (Winner 2007).

Die Eingewöhnung von Zweijährigen in eine herkömmliche Kindergartengruppe bedarf oftmals der Teilgruppen- oder homogeneren Kleingruppenarbeit, um Eifersucht vorzubeugen und besser auf die verschiedenen Bedürfnisse eingehen zu können. Dabei können die »alten Hasen« Dinge tun oder Angebote wahrnehmen, die ihnen zeigen, dass sie weiter wichtig sind und stolz auf ihre Kompetenzen sein können. Die Neuen sind oftmals beschäftigt mit Zusehen, Beobachten und damit vollauf zufrieden und schenken den Großen damit ihre Anerkennung. Erleben alle Kinder für ihre momentanen Bedürfnisse Raum und Zeit, so sind sie eher bereit empathisch auf die neuen Kleinen einzugehen.

## Was passiert, wenn Kinder während der Eingewöhnung krank werden?

Es kommt gar nicht so selten vor, dass Kinder während der Eingewöhnungszeit krank werden. Übergangsphasen sind von großem emotionalem Aufruhr begleitet. Die Kinder sind aus dem Gleichgewicht und müssen in relativ kurzer Zeit viel Neues lernen. Das schwächt das Immunsystem, das zudem noch lernen muss, mit vielen neuen Krankheitserregern umzugehen. Der kindliche Körper reagiert hier sehr gesund. Wird es zuviel, holt er sich eine Auszeit und wird krank.

Sowohl Erzieherinnen als auch Eltern sorgen sich dann oft, dass die Pause das Kind in der Eingewöhnung wieder zurückwirft: »Dann können wir wieder von vorne anfangen, wenn das Kind jetzt eine Woche oder sogar zwei Wochen fehlt.« Diese Sorge ist unbegründet. Die Erfahrungen zeigen, dass Kinder in Entwicklungskrisen häufig krank werden. Sie holen sich eine Auszeit aus dem Entwicklungsdruck. Gönnt man dem Kind ausreichend Genesungszeit, kommt es meist mit neuer Kraft in die Einrichtung zurück und wirkt oft wie verwandelt. Es scheint oft sogar so, als wäre die Eingewöhnung während der Krankheit weitergegangen, und das Kind fühlt sich jetzt wie ein ausgereiftes Kinderkrippenkind. Häufig geht die Eingewöhnung dann in wenigen Tagen zu Ende. Dies funktioniert aber nur, wenn das Kind wirklich gesund werden konnte. Bleibt die Angst bestehen, dass die Auszeit einen Rückschritt zur Folge hat, kann das dazu führen, dass Eltern versuchen die Genesungszeit so kurz wie möglich zu halten und mit einem noch nicht ganz gesunden Kind wieder in die Einrichtung kommen. Dem Kind wird die notwendige Erholungszeit genommen, die sich der Körper so klug verschafft hat. Nicht die Pause wirft das Kind zurück, sondern die permanente Überforderung. Erzieherinnen sollten Eltern darüber aufklären und sie beruhigen, dass es erheblich besser ist, das Kind wirklich gesund werden zu lassen als pausenlos in der Einrichtung zu sein. Natürlich ist das oft für das Zeitbudget der Familie eine große Belastung. Meist ist der Zeitplan sehr eng. Aber es entlastet viele Eltern, wenn sie wissen, dass die Krankheit des Kindes nicht auch noch die Eingewöhnungsdauer verdoppelt.

## Eingewöhnung vor der Schließungszeit – geht das?

Viele Kindertagesstätten schließen im Sommer für zwei bis drei Wochen komplett. In den Wochen vor der Schließungszeit sind die Gruppen manchmal schon nicht mehr voll besetzt. Wenn der Personalschlüssel dann noch stimmt, wäre das von den Rahmenbedingungen her keine schlechte Zeit für eine Eingewöhnung. Aber auch hier besteht oft die Sorge, dass so eine Eingewöhnung nichts bringt und nach der Pause wieder von vorne beginnt. Diese Vermutung bestätigt sich in der Praxis nicht. Der Erfolg der Eingewöhnung hängt nicht vom ununterbrochenen Besuch ab. Es hat sich bewährt, dass die Kinder vor der Schließungszeit alle Eingewöhnungsphasen durchlaufen haben und schon einige Tage allein in der Einrichtung geblieben sind. Ein Urlaub tut dann oft allen Beteiligten sehr gut. Die Familie kann wieder Kraft schöpfen und das Zusammensein noch einmal so richtig genießen, bevor alle in ihre »Arbeit« müssen. Meist genügen dann wenige Tage, oft nur ein paar Stunden, die die Eltern mit den Kindern am Morgen in der Einrichtung bleiben, um den behutsamen Übergang wieder zu erleben. Keine Angst: Man trennt sich nicht schwerer von Personen, wenn es mit ihnen so richtig schön war, und man trennt sich nicht leichter, wenn man sich nur gestritten hat.

## Fragen zur Eingewöhnung bei Neugründung einer Kinderkrippe oder Kleinkindergruppe in einem Kindergarten

Manchmal wird bei Neugründungen von den Trägern großer Druck ausgeübt, dass die Gruppen schnell »voll werden« und möglichst alle Plätze schon bei der Eröffnung von zahlenden Kunden in Anspruch genommen sind. Druck kann aber auch von Seiten der Eltern entstehen, wenn der Bedarf sehr groß ist und viele auf einen Platz warten. Es ist wichtig, zu erkennen, dass der Aufbau einer neuen Gruppe einen längeren Prozess erfordert als die Eingewöhnung einzelner Kinder. Eingewöhnung ist keine Fließbandarbeit. Erzieherinnen können nicht ununterbrochen eingewöhnen, das überfordert alle Beteiligten. Haben sich die ersten sechs bis acht Kinder in einer Gruppe zusammengefunden, sollte eine Pause eintreten. Alle Beteiligten brauchen Zeit zum Luft holen. Die Gruppe braucht die Chance auf Alltag und Routine. Und Eltern und Fachkräfte brauchen die Chance, Erfahrungen auszuwerten, Erlebnisse zu verdauen und Einschätzungen zu reflektieren. Nur so bleiben alle Beteiligten aufnahmebereit.

Alle dürfen lernen! Bei Neugründungen zeigt sich besonders deutlich, wie wichtig das Ziel ist, dass alle in der Übergangssituation aktiv lernen dürfen. Auch die pädagogischen Fachkräfte brauchen Zeit, um in die neue Aufgabe hineinzuwachsen. So berichtet ein Trägervertreter: »Ich muss zugeben, dass ich die Anforderungen an das Personal in der Anfangsphase manchmal unterschätzt habe. Die Anforderungen sind hoch, und sicherlich haben wir zu Beginn unseren hohen Anspruch nicht zu jeder Zeit erfüllen können. Man muss sich am Anfang immer erst finden. Eltern, Kinder, Personal – alle brauchen eine gewisse Eingewöhnungszeit.« (Bayerisches Staatsministerium für Arbeit und Sozialordnung, Familie und Frauen 2005, S. 50)

Als vor Jahren im Vorschulbereich vermehrt Integrationseinrichtungen gebildet wurden, geschah dies unter dem Motto »Integration lernen«. Die Beteiligten wollten damit ein Signal setzen, dass sich niemand schämen muss, wenn er etwas noch nicht kann. Professionalität und Kompetenz zeigen sich in der Lernbereitschaft und in der Suche nach Kooperationspartnern und Beratungsstellen, die einen dabei unterstützen.

Mit begründeter Skepsis begegneten erfahrene Integrationsfachleute Einrichtungen, die in einem Hauruckver-

fahren alles »machen« statt »lernen« wollten. Mit Entschlussfreudigkeit oder Engagement hat das wenig zu tun.

Vor einer ähnlichen Umbruchsituation befinden sich gegenwärtig viele Einrichtungen, die Altersmischung oder Kleinkindergruppen »machen« wollen. Viele Mitarbeiterinnen in diesen neuen Einrichtungen sind zwar pädagogische Fachkräfte, das Spezialgebiet »Kleinstkindpädagogik« stellt aber für die meisten eine neue Herausforderung dar. Und keineswegs alle Mitarbeiterinnen sind davon überzeugt, dass die außerfamiliäre Betreuung von Kleinkindern ein pädagogisch verantwortbares Konzept darstellt. Einige haben die Entscheidung für dieses Arbeitsgebiet nicht aus pädagogischen, sondern aus ökonomischen Erwägungen getroffen. Die Einstellung zur außerfamiliären Betreuung von Kleinkindern bei den Erzieherinnen spielt aber eine entscheidende Rolle. Die Mitarbeiterinnen sollten sich ihrer Einstellung deshalb bewusst und offen dafür werden, ihre Einstellungen zu überprüfen. Dafür brauchen sie die Gelegenheit, ihre Vorbehalte äußern zu können: »Was ich mir ebenfalls nicht so gut vorstellen konnte, war die Arbeit mit den kleinen Kindern in einer relativ großen Gruppe. Das war für mich eine neue Erfahrung. In der Ausbildung lernt man, dass Kinder erst ab drei Jahren überhaupt gruppenfähig sind. Das stimmt jedoch nicht. Die Kinder genießen es und fühlen sich wohl.« (Bayerisches Staatsministerium für Arbeit und Sozialordnung, Familie und Frauen 2005, S. 34)

Im nächsten Schritt brauchen die jungen Teams Zeit, um die ersten Wochen zu planen und gedanklich durchzuspielen. Neben Fortbildungen und einer begleitenden Supervision in den ersten Monaten helfen meist Hospitationen in bestehenden Kinderkrippen und der Austausch mit »alten Hasen«: »Ich glaube, dass Supervision zu vergleichen ist mit einem soliden Fundament beim Hausbau. Das erste Jahr war engmaschig begleitet durch Supervision, also alle sechs bis acht Wochen, wobei die Krippenleiterin die Gelegenheit hatte, für ihre Führungsaufgabe Einzelsupervision zu erhalten« (Bayerisches Staatsministerium für Arbeit und Sozialordnung, Familie und Frauen 2005, S. 19).

Folgende Beispiele zeigen, wie Teams in Kindertageseinrichtungen die Grundgedanken des Modells nutzten, um flexibel und kreativ mit der konkreten Situation umzugehen, ohne dabei die Ziele aus den Augen zu verlieren.

## Beispiel 1: Von der Eltern-Kind- zur Krippengruppe

In dieser Gruppe hatten sich viele Eltern für die wenigen Plätze interessiert, und die meisten von ihnen konnten auch einen Platz bekommen, da viele nur geringe Buchungszeiten in Anspruch nehmen wollten. So kam es, dass die zwei Erzieherinnen und eine stundenweise Aushilfskraft nicht nur 12, sondern 19 Kinder und ihre Eltern in den ersten Monaten eingewöhnen sollten. Bei einem Elternabend wurde den Eltern das Eingewöhnungskonzept vorgestellt und das Dilemma mit den Buchungszeiten verdeutlicht. Gemeinsam mit den Erzieherinnen entwickelten die Eltern einen Plan für eine gestaffelte Aufnahme, da nicht alle den Platz sofort brauchten. Sie hatten nur Angst, überhaupt keinen Platz zu bekommen, wenn sie ihn jetzt nicht in Anspruch nehmen würden.

Um den Kindern bereits ein Gefühl einer Kindergruppe zu ermöglichen, kamen in der ersten Woche vier Kinder mit ihren Müttern – mit den zwei Erzieherinnen waren es dann sechs Erwachsene auf vier Kinder. Die Eltern versuchten zeitlich etwas versetzt anwesend zu sein, damit die Fachkräfte sich intensiv um jedes Kind kümmern konnten. Alle vier Kinder waren fast zwei Jahre alt. Während zwei Mädchen von Anfang an einen guten Draht zueinander zu haben schienen, obwohl sie sich vorher nicht kannten, spielte das dritte Mädchen lieber allein. Der Junge saß mit seiner Mutter auf dem Sofa und ließ sie keine Minute aus den Augen.

Die Erzieherinnen stellten vorerst nur wenige ausgewählte Materialien zur Verfügung, um das Spielverhalten der Kinder gut beobachten zu können und ihre Vorlieben herauszufinden. Sie blieben mit den Müttern im Gespräch, nahmen zu den Kindern vorerst aber nur indirekt Kontakt auf. Die beiden Mütter der Mädchen kamen sich schon bald überflüssig vor, weil ihre Töchter sich bereits so gut angefreundet hatten. Es half ihnen, als die Erzieherin zu ihnen sagte: »Ich brauche Sie als Expertin Ihres Kindes.« Dies bestätigte sich, als kurze Zeit später eines der Mädchen im Garten stürzte und seine Hände zwar nicht aufgeschürft, aber doch sehr schmutzig wurden. Jetzt war die Mutter unverzichtbar.

In der dritten Woche kamen zwei weitere Kinder dazu, auch sie waren knapp zwei Jahre alt. Für einen außenstehenden Beobachter wirkte die Gruppe wie eine »Eltern-Kind-Gruppe« – keines der Kinder wollte die Mutter jetzt gehen lassen. Glücklicherweise setzten sich weder die Erzieherinnen (sie hatten den Rückhalt der Leitung und des Trägers) noch die Eltern unter Druck. Die Mütter halfen beim Tischdecken, sie spülten das Geschirr, sortierten Spielsachen oder ordneten Einkäufe, während die Fachkräfte Angebote für die Kinder entwickelten und Kontakte der Kinder untereinander unterstützten. Immer wieder bildeten sich kleine Gesprächsgruppen unter den Eltern. Über die Öffnungszeit von 8 bis 13 Uhr verteilt, verbrachten in der vierten Woche neun Kinder mit ihren Müttern und ein Vater die Zeit in der Gruppe. In der fünften Woche waren es zwölf Kinder. Am Ende dieser Woche beriefen die Mitarbeiterinnen einen Elternabend ein. Sie meinten, dass die gemeinsame Zeit sehr gut gewesen sei, die Eltern sich aber jetzt verabschieden sollten. Erstaunlicherweise waren sich alle Beteiligten sehr schnell in dieser Frage einig. In den nächsten Tagen verabschiedeten sich acht Eltern ohne Probleme von ihren Kindern. Am Ende der Woche ließ auch der Junge aus der ersten Woche seine Mutter gehen. In den folgenden zwei Wochen endete auch die Eingewöhnung für die letzten Kinder aus dieser Staffel.

In der Abschlussreflexion überlegte das Team, ob sie die Eltern nicht schon früher hätten ermuntern sollen zu gehen. Erstaunlicherweise waren die Kinder und Eltern, die sich problemlos verabschiedet hatten, nicht alle über denselben Zeitraum anwesend. Das Team zog den Schluss, dass die ersten Kinder vielleicht auch so etwas wie eine Aufbauarbeit geleistet hätten, und ihnen deshalb die längere Zeit auch zustand. Für die Kinder schien es ebenfalls leichter zu sein, dass insgesamt acht Eltern nach fünf Wochen gegangen waren, als in jeder Woche nur zwei von ihnen.

Nach ein paar Wochen Verschnaufpause fanden weitere Eingewöhnungen statt. Viele Eltern hatten für ihre Kinder nur zwei oder drei Tage gebucht und teilten sich den Platz mit anderen Müttern und Vätern. Im Abstand von fünf Wochen kamen jeweils zwei Eltern und ihre Kinder. Die Eingewöhnungen dauerten jetzt zwischen zwei und drei Wochen. Die Mitarbeiterinnen merkten zunehmend, dass in ihren Köpfen doch alle Kinder und Eltern »anwesend« sind und ihre Aufmerksamkeit brauchen, auch wenn sich die Anwesenheit auf die Woche verteilt. Dies wird von vielen Trägern unterschätzt.

Auch im nächsten Jahr blieb die Gruppenstruktur ungünstig. Viele der Zweijährigen wechselten jetzt in den Kindergarten und zahlreiche angemeldete Kinder waren auch bereits im Alter von zwei Jahren. Um das Team etwas zu entlasten, wurden die Mindestbuchungszeiten nun auf 20 Wochenstunden festgelegt. Der Träger überlegt eine andere Gebührenordnung, um eine breitere Altersmischung zu erreichen. Eine Lösung gibt es noch nicht.

### Beispiel 2: Von der Halbtagsgruppe zur Ganztagsgruppe

Die neue Krippengruppe war sowohl von den Eltern als auch von den Mitarbeiterinnen schon lange herbeigesehnt worden. Eltern wie Team hatten sich gemeinsam über Monate um die Neugründung bemüht und sich in gemeinsamen Aktionen kennen gelernt. Um einen gemeinsamen Start für mehrere Eltern zu ermöglichen und ein intensives Kennenlernen zu bewirken, gewöhnten sich jeweils am Vormittag und am Nachmittag sechs Kinder mit ihren Müttern gemeinsam in den Gruppenalltag der Krippe ein. Nach einer Woche tauschten die Gruppen. Die Nachmittagsgruppe erlebte nun den Vormittag und umgekehrt. In der dritten Woche kamen alle Kinder und Mütter den ganzen Tag und erste Trennungen wurden möglich. Die Erzieherinnen berichteten, dass sie noch nie zuvor so einen intensiven und kooperativen Kontakt zu Eltern entwickelt hatten, der die Anstrengungen dieser Wochen wieder wettmachte.

### Beispiel 3: Im Kindergarten entsteht zusätzlich eine Gruppe für Kleinkinder

In einem Kindergarten wurde ein Gruppenraum nach einem Umbau in einen Kinderkrippenraum mit Bad und Toilette für Kleinkinder umgebaut. Der Raum lag geschützt und etwas isoliert in einem Winkel des Kindergartens und verfügte über einen eigenen Eingang. Zu Beginn der Planung überlegte das Team, ob auch der Garten einen eigenen eingezäunten Bereich für die Kleinkinder bekommen sollte. Als die ersten beiden Kinder mit ihren Müttern in die Gruppe kamen, wirkte die Situation recht künstlich: zwei Kinder und vier Erwachsene in einem noch recht kargen Raum. Nach zwei Tagen besuchte eine Erzieherin aus dem Kindergarten mit drei Kindern die neue Gruppe – die Situation wirkte gleich viel gelöster. Die Dreijährigen erkundeten den neuen Raum, erprobten Spielmaterialien und führten den Neuen vor, wie man sich in einer Kita benimmt. Dieses Vorgehen war so erfolgreich, dass die Erzieherinnen mit den Müttern jetzt auch in den Garten gingen. Gemeinsam beobachteten die Eingewöhnungskinder mit ihren Müttern das Treiben im Kindergarten. Sie nahmen Kontakt zu anderen Müttern auf, die dort gerade ihre Kinder eingewöhnten, und stellten fest, dass die Unterschiede gar nicht so groß waren. In der zweiten Woche kamen Kindergartenkinder mit einer Erzieherin auch zum Essen und halfen beim Wickeln. So entstanden in den nächsten Monaten immer wieder kleine Gruppensituationen und die Erzieherin konnte sich zwischendurch intensiv einem neuen Kind und ihren Eltern widmen. Aber auch hier dauerte es sechs Monate, bis alle Kinder in die Gruppe eingewöhnt waren.

### Beispiel 4: Eine neue dreigruppige Kinderkrippe wird geöffnet

Die neu gegründete Kinderkrippe besuchten bereits zu Beginn Kinder im Alter zwischen fünf und 24 Monaten. Die Erzieherinnen bildeten zuerst eine Gruppe und nutzten auch nur wenige Räume, um den Kindern die Orientierung zu erleichtern. Auch hier waren in den ersten Wochen mehr Erwachsene anwesend als Kinder, und die Erzieherinnen versuchten den Kindern im Beisein ihrer Mütter bereits Angebote in Kleingruppen zu machen, in denen sowohl altershomogene wie altersgemischte Erfahrungen möglich wurden. Als diese erste »Gruppe« mit den Erzieherinnen, den Räumen und den Kindern vertraut war und ihre Eltern gehen ließ, wurden weitere Eingewöhnungen geplant. Immer eine Erzieherin war dann für ein neues Kind und neue Eltern zuständig, während die anderen Kolleginnen sie in der Gruppensituation entlasteten. So erreichte das Team, dass über den Zeitraum von sechs Monaten fast immer auch Eingewöhnungskinder und ihre Eltern anwesend, aber nicht immer alle Kolleginnen mit Eingewöhnungen befasst waren. Die Kinder wuchsen auf diese Weise gut in die Struktur des offenen Hauses hinein, da ihnen alle Erzieherinnen vertraut waren und sie ihren Aktionsradius eigenaktiv erweiterten und die Öffnung selbst herstellten.

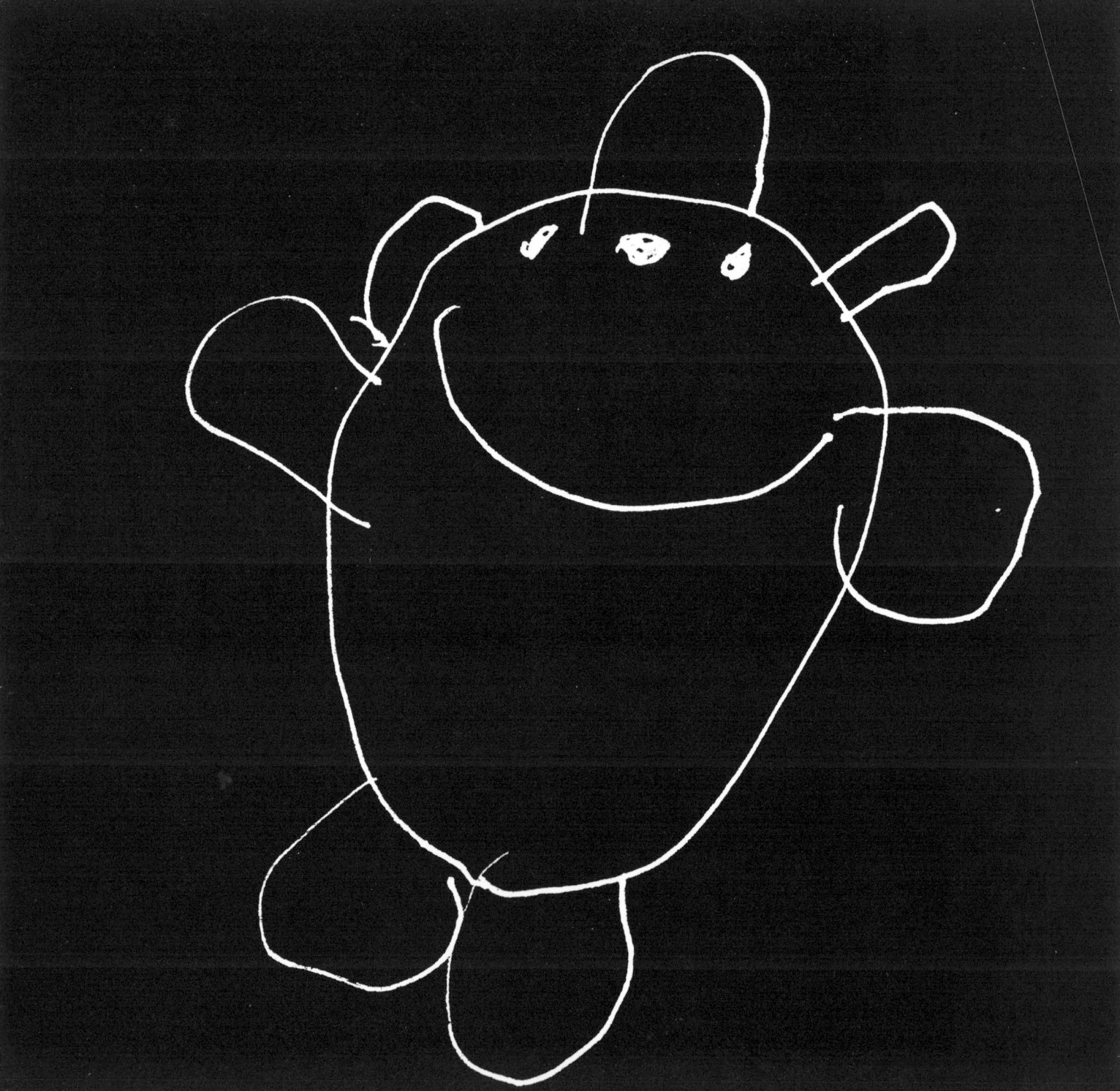

# 4.   Materialien für Gespräche mit Eltern

Gespräche sind das A und O in der Kooperation mit Eltern. Die folgenden Materialien geben Anregungen, welche Gesprächsinhalte und -anlässe zu bedenken sind. Sie sind als Orientierung zu verstehen und sollen nicht zu einem Abfragen von Informationen führen. Die ersten Begegnungen in einer gemütlichen Atmosphäre und ohne Störungen helfen, Verunsicherungen bei Eltern abzubauen. Mütter und Väter sollen spüren, dass Einstellungen und Haltungen bzw. auch Befürchtungen gegenüber der Betreuung in einer Kindertagesstätte geäußert werden dürfen.

## ■ Ein Gesprächsleitfaden zur Vorbereitung des Krippenbesuches

Je früher Eltern wissen, was auf sie zukommt und von ihnen erwartet wird, umso besser können sie die Zeit mitgestalten. Deshalb brauchen Eltern bereits bei der Anmeldung, spätestens bei der Zusage ein Gespräch, in dem das Eingewöhnungskonzept vorgestellt und mit der individuellen Situation der Familie abgestimmt wird (zum Beispiel Urlaubspläne, Wohnungsumzug oder die Geburt eines Geschwisterkinds, der Arbeitsbeginn und die Arbeitszeiten). Das Gespräch beinhaltet:

- Vorstellung der Bezugsperson, der Einrichtung, des Teams und der Bezugsgruppe
- Vorstellung der Plätze für das neue Kind, für Fotos des Kindes am Garderobenplatz, Eigentumsfach, Behältnis für Wechselwäsche

- Vorstellung eines exemplarischen Tagesablaufs
- Erkundung von Haltungen und Einstellungen zum Besuch in der Einrichtung: »Weshalb haben Sie sich für die Einrichtung/Krippenbetreuung entschieden?«
- Eventuelle Äußerungen von Ängsten und Befürchtungen: »Mussten Sie gegen Vorurteile kämpfen, wenn Ihr Kind nun eine Krippe besuchen wird?«
- Sammeln von Gewohnheiten des Kindes (siehe gesonderter Bogen)
- Vorstellung des Eingewöhnungskonzepts mit Berücksichtigung von Bedürfnissen: »Was wünschen Sie sich für Ihr Kind/für sich selbst von unserer Einrichtung?«
- Konkrete Verabredungen für die ersten Tage
- Einführung des Eingewöhnungsbuches mit täglichen kurzen Einträgen der pädagogischen Fachkraft über den heute wichtigsten Schritt

Achten Sie darauf, den Eltern nicht zu viele Informationen in einem Gespräch zu übermitteln. Wichtige Vereinbarungen sollten schriftlich weitergegeben werden – am besten in der Muttersprache der Eltern. Dazu gehören: Gebührenordnung und Satzung, Betreuungsvertrag, Einverständniserklärungen für Fotos, Videos, Dokumentationen, Vorstellung des Teams der Einrichtung, Öffnungszeiten, Schließzeiten, Mitbringen von Windeln und Wechselwäsche, Abmeldung bei Krankheit und Abwesenheit, Planung der ersten Tage, klare Zeitangaben, Klärung von Verantwortlichkeiten, Erwartungen an das Verhalten der Eltern während des Aufenthalts in der Gruppe oder in der Einrichtung.

## Das Aufnahmegespräch

Das Aufnahmegespräch beinhaltet unter anderem folgende Angaben:

Aufnahmegesprächspartner/in:.....................................    Aufnahmedatum:...............................................

Name des Kindes: ...........................................    Mädchen/Junge: ...........................................

Ruf- oder Kosename: ........................................    Geburtsdatum: ...........................................

Name der Mutter: ...........................................    Geburtsdatum: ...........................................

Berufstätigkeit: .............................................

Telefonnummer: ............................................    Handynummer: ...........................................

Name des Vaters: ...........................................    Geburtsdatum: ...........................................

Berufstätigkeit: .............................................

Telefonnummer: ............................................    Handynummer: ...........................................

Erziehungsberechtigte: ..........................................................................................................

Anschrift der Eltern: ..........................................................................................................

Muttersprache: ...............................................................................................................

Andere Sprachen, wenn ja, welche: ...........................................................................................

Geschwister: ................................................................................................................

Weitere Bezugspersonen:

Wenn ja, welche: ...........................................................................................................

Abholberechtigte Personen: ..................................................................................................

Vorsorgeuntersuchungen: ....................................................................................................

Durchgemachte Kinderkrankheiten, sonstige Krankheiten, Unverträglichkeiten und Allergien:

............................................................................................................................

Betreuungszeiten: ..........................................................................................................

Einverständniserklärungen für

• Ausflüge,
• Filmaufnahmen/Fotos,
• Portfolio/Tagebuch/Lerngeschichten,
• die Weitergabe von Namen, Anschrift und Telefonnummer für Elternkontakte.

## Ein Interviewleitfaden zu den Gewohnheiten des Kindes

Möchten Sie mir etwas zur Schwangerschaft und Geburt Ihres Kindes erzählen und über seine bisherige Entwicklung?

### Ein exemplarischer Tagesablauf zu Hause
• Welche Vorlieben und Abneigungen hat Ihr Kind?

..................................................................................................................................

• Welche Beziehungen hat es zu anderen Kindern?

..................................................................................................................................

• Wird Ihr Kind gelegentlich von anderen Personen betreut?

..................................................................................................................................

• Was ist Ihnen in der Erziehung Ihres Kindes wichtig?

..................................................................................................................................

• Welche Erwartungen haben Sie an die Betreuung in unserem Haus?

..................................................................................................................................

### Ernährung
• Welche Speisen und Getränke erhält Ihr Kind zu Hause?

..................................................................................................................................

• Vorlieben/Abneigungen und Gewohnheiten (Flasche, Tasse, Löffel ...). Was? Wann? Wie oft?

..................................................................................................................................

• Nahrungsmittelunverträglichkeit? Besondere Diät?

..................................................................................................................................

• Isst und trinkt Ihr Kind bevorzugt allein oder mit Hilfe?

..................................................................................................................................

• Wie zeigt Ihr Kind, dass es Hunger oder Durst hat?

..................................................................................................................................

## Schlafen

• Woran erkennen Sie, dass Ihr Kind müde ist?

..........................................................................................................................................

• Schläft Ihr Kind während des Tages?

..........................................................................................................................................

• Wie schläft Ihr Kind gewöhnlich ein? Was nimmt es zum Schlafengehen mit?

..........................................................................................................................................

• Gibt es eine bevorzugte Schlafposition?

..........................................................................................................................................

• Was ist Ihr Kind gewohnt, wenn es aufwacht?

..........................................................................................................................................

## Sauberkeitsentwicklung

• Wird Ihr Kind gewickelt? Meldet es sich, wenn die Windel voll ist?

..........................................................................................................................................

• Ist Ihr Kind an der Toilette, dem Topf interessiert?

..........................................................................................................................................

• Wie äußert es sich, wenn es zur Toilette muss?

..........................................................................................................................................

• Benötigt Ihr Kind bestimmte Pflegeprodukte?

..........................................................................................................................................

• Wie verhält sich Ihr Kind beim Waschen? Mag Ihr Kind Wasser?

..........................................................................................................................................

• Kann es etwas mit Zahnputzbecher und -bürste anfangen?

..........................................................................................................................................

## Spielverhalten

• Spielt Ihr Kind gern allein, oder ist es gewohnt mit anderen Kindern, Erwachsenen zu spielen?

.............................................................................................................................................................

• Wofür interessiert sich Ihr Kind besonders?

.............................................................................................................................................................

• Was ist sein Lieblingsspielzeug, seine Lieblingsbeschäftigung?

.............................................................................................................................................................

• Was mag Ihr Kind nicht?

.............................................................................................................................................................

• Spielt Ihr Kind gern im Freien? Gewohnheit von Spaziergängen?

.............................................................................................................................................................


## Sonstiges

• Wie und womit lässt sich Ihr Kind beruhigen?

.............................................................................................................................................................

• Wie rufen Sie Ihr Kind? Hat es einen Kosenamen? Wie sollen wir es nennen?

.............................................................................................................................................................

• Zeigt es Ängstlichkeiten – wenn ja, wovor? Wie verhält sich Ihr Kind in diesem Fall? Wie reagieren Sie darauf? Wie trösten sie Ihr Kind?

.............................................................................................................................................................

## Ein Interviewleitfaden zum Abschlussgespräch

Abschlussgespräch der Eingewöhnung von ...............................................................................................

am ................................................................... mit ....................................................................................

Wie geht es Ihnen heute in der Einrichtung?

.............................................................................................................................................................

.............................................................................................................................................................

Welchen Eindruck haben Sie im Moment von Ihrem Kind?

.............................................................................................................................................................

.............................................................................................................................................................

Welche Einstellung hatten Sie zu Anfang und jetzt von unserer Tagesstätte?

.............................................................................................................................................................

.............................................................................................................................................................

Was hat Ihnen besonders gefallen?

.............................................................................................................................................................

.............................................................................................................................................................

Gibt es von Ihrer Seite Veränderungsvorschläge, Ideen oder Wünsche für die Eingewöhnung?

.............................................................................................................................................................

.............................................................................................................................................................

Was wünschen Sie sich und für Ihr Kind für die nächste Zukunft?

.............................................................................................................................................................

.............................................................................................................................................................

## Ein Beispiel für einen Auswertungsfragebogen der Eltern

Eine Umfrage während eines Elternabends ermöglicht es, das hauseigene Konzept zu überdenken und mit erfahrenen Eltern zu erweitern. Hier sind einige ausgewählte Fragen und beispielhafte Antworten dazu zusammengestellt.

### Was bewegt Sie, Ihr Kind in die Kindergruppe zu bringen?
- Ich arbeite und bin froh, dass mein Kind Spiel- und Streitgefährten hat und andere Bezugspersonen.
- Ausbildung abschließen.
- Eine zuverlässige, kompetente Gruppe finde ich gut für mein Kind.

### Warum kommen Sie in unsere Einrichtung?
- Nähe zur Wohnung.
- Vertrauen zur Einrichtung durch gute Referenzen.
- Weil hier ein Platz frei war.
- Ich kenne ein zufriedenes größeres Kind.

### Wie war Ihr erster Eindruck von unserer Einrichtung?
- Sehr positiv.
- Gemütlich, ein wenig altmodisch.
- Freundliches, auch manchmal gestresstes Personal, müssen viel leisten.
- Ich war misstrauisch, denn es gibt viele Vorurteile.
- Fand kindgerechte Möbel, Waschbecken und Toiletten, sehr schön.
- Ruhe und freundliche Atmosphäre.

### Wie empfanden Sie die Eingewöhnungszeit?
- Sehr gut, man hat den Tagesablauf kennengelernt und das Betreuungspersonal als entlastend.
- Habe viel gelernt, was ich mit einem kleinen Kind machen kann.
- Sehr beruhigend, denn viele Ängste und Sorgen lösten sich.
- Anfängliches Misstrauen löste sich auf.
- Gut, dass Eltern sehen können, wie es läuft. Ich zehre heute noch davon.
- Sehr hilfreich und lohnend.
- Die Tatsache, dass Eltern dabei sein dürfen, zeigt, dass die Einrichtung nichts zu »verbergen« hat.

### Waren Sie mit der Eingewöhnungszeit zufrieden?
- Vier Wochen waren genau richtig.
- Die Erzieherinnen sind sehr sorgsam mit dem Kind umgegangen.
- Es war richtig, dass die Erzieherinnen klar gesagt haben, wie es läuft und wann es genug war. Ich würde sonst heute noch kommen.

### Welche Sorgen und Ängste hatten Sie am Anfang?
- Eine »Rabenmutter« zu sein.
- Unsicherheit: Wie wird es werden?
- Wird mein Kind mit den Erzieherinnen auskommen und von ihnen verstanden?
- Was mache ich, wenn mein Kind krank wird?
- Was denken andere in meiner Umgebung von mir, auch wenn ich selbst ein gutes Gefühl habe?

### Wie empfanden Sie die schriftlichen Informationen und die Gespräche?
- Das schriftliche Material darf die Gespräche nicht ersetzen.
- Sehr gute Einblicke in die Ansichten, Erziehungsziele und Methoden der Erzieherin, um ihr Handeln zu verstehen.
- Ist wichtig, um zu zeigen, dass die Einrichtung für die

Entwicklung des Kindes förderlich sein kann und keine »Bewahranstalt« ist.
• Sehr gut, um Ziele und Abläufe zu kennen und den anderen Elternteil und Verwandte zu informieren und sicherer zu werden.

**Haben Sie Wünsche, Ideen oder Verbesserungsvorschläge?**
Elternnachmittage mit Kindern, um weiter die pädagogische Arbeit und andere Eltern besser kennenzulernen.
Weiterhin viele persönliche Gespräche.
Individuelle Informationen zum eigenen Kind.

## Der Weg des gemeinsam gestalteten Übergangs

Das folgende Schaubild lässt sich in Gesprächen mit Eltern gut nutzen, um die verschiedenen Phasen der Eingewöhnung zu veranschaulichen.

▶Kennenlernen — Mutter oder Vater begleiten Kind im Krippenalltag
(Mutter oder Vater aktiv für ihr Kind, Erzieherin zurückhaltend)

Anfang,
erster Kontakt,
Kennenlernen

Mutter oder Vater und Kind erleben den Krippenalltag in zunehmend längeren Zeiträumen mit unterschiedlichen Gefühlen und Bedürfnissen

Räume, Materialien,
Kolleginnen,
einige Kinder

Erzieherin gibt
wertschätzende
und wohlwollende
Rückmeldungen
an die Eltern

Mutter oder Vater und Kind gestalten mit der Erzieherin besondere Situationen, zum Beispiel Wickeln, Füttern, Schlafen, Trösten, Konflikte lösen
Mutter oder Vater sind aktiv, die Erzieherin orientiert sich

▶Sicherheit

Kind wird selbstständig
Mutter oder Vater werden gegenüber ihrem Kind sicherer und zurückhaltender
Erzieherin wird im Umgang mit dem Kind aktiver
Kind lässt sich ansprechen, berühren, versorgen

Kind erlebt Gruppe,
knüpft Kontakte zu
anderen Kindern,
Erzieherin unterstützt
Kind beim Spielen
und Forschen

Kind bleibt allein
in der Gruppe

Eltern und Kind trennen und verabschieden sich, heftige Gefühle werden zugelassen

▶Abschlussgespräch
mit den Eltern

▶Ver-Trauen

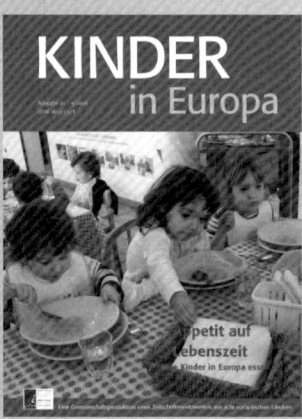

# Literatur und Medientipps

Ahnert, L. (Hrsg.) (2004): Frühe Bindung. Entstehung und Entwicklung. München: Ernst Reinhardt

Ahnert, L. (1998): Die Betreuungssituation von Kleinkindern im Osten Deutschlands vor und nach der Wende. In: L. Ahnert (Hrsg.): Tagesbetreuung für Kinder unter drei Jahren – Theorien und Tatsachen. Bern: Huber, S. 29-44

Andres, B. (2008): Mutter, Vater, Kind und Kita. Gedanken rund um den Beziehungsaufbau in der Eingewöhnung. In: TPS. Ausgabe 7, S. 16-19

Baumann, L. (2008): Kinder von 0-3 Jahren in der Kindertageseinrichtung. Die Rolle der Elementarpädagogin. In: Vogel Werkbuch. Kinder unter 3 Jahren in Kindertageseinrichtungen. Bildungsprozesse mit Kindern gestalten. München: Heinrich Vogel, S. 20-25

Bayerisches Staatsministerium für Arbeit und Sozialordnung, Familie und Frauen (StMAS), vbw, BayME, VBM (Hrsg.) (2005): Groß und stark werden. Initiative Kinderkrippen in Bayern. München

Becker-Stoll, F.; Textor, M. R. (Hrsg.) (2007): Die Erzieherin-Kind-Beziehung. Zentrum von Bildung und Erziehung. Berlin, Düsseldorf, Mannheim: Cornelsen Scriptor

Beller, K. E. (2003): Eingewöhnung in die Krippe. Ein Modell zur Unterstützung der aktiven Auseinandersetzung aller Beteiligten mit Veränderungsstress. www.ligakind.de/pages/202beller.htm

Beller, K. E. (1994): Eingewöhnung: Eine Unterstützung aller daran beteiligten Personen. In: Landeshauptstadt München (LHM); Sozialreferat (Hrsg.) (1994): Modellprojekt Frühförderung von Kleinstkinderndurch Unterstützung junger Familien bei der Erziehungsaufgabeund durch pädagogische Qualifizierungvon Krippen. Abschlussbericht Projektteil C: Zusätzliche Intensivierung der Elternarbeit in der Krippe. München

Beller, K.; Beller, S. (2003): Beobachtung in den ersten drei Lebensjahren. In: KiTa spezial. Ausgabe 1, S. 14-17

Beller, K.; Beller, S. (2000): Kuno Bellers Entwicklungstabelle. Modifizierte Fassung, FU Berlin

Beller, K. E.; Stahnke, M. (1985): Ein Modell für die berufliche Weiterbildung von Krippenmitarbeitern und Krippenbetreuern. In Bayrischer Wohlfahrtsdienst. Ausgabe 37/3, S. 42-46

Bowlby, J. (1987): Bindung. In: K. E Grossmann; K. Grossmann (Hrsg.) (2003): Bindung und menschliche Entwicklung. Stuttgart: Klett-Cotta, S. 22-26

Berchtold, A. (2008): Was ist bei der Aufnahme von Kindern unter drei Jahren zu bedenken? Eine Checkliste In: Vogel Werkbuch. Kinder unter 3 Jahren in Kindertageseinrichtungen. Bildungsprozesse mit Kindern gestalten. München: Heinrich Vogel, S. 86-88

Brodin, M.; Hylander, I. (2002): Wie Kinder kommunizieren. Daniel Sterns Entwicklungspsychologie in Krippe und Kindergarten. Weinheim und Basel: Beltz

Deci, E. L.; Ryan, R. (1995): Human autonomy: The basis for true self-esteem. In: M. Kernis (Ed.): Efficacy, agency and self-esteem. New York: Plenum, S. 31-49

Fritschi, T.; Oesch, T. (2008): Volkswirtschaftlicher Nutzen von frühkindlicher Bildung in Deutschland. Gütersloh, www.bertelsmann-stiftung.de/bst/de/media/xcms_bst_dms_23966_23968_2.pdf

Griebel, W.; Niesel, R. (2004): Transitionen. Fähigkeit von Kindern in Tageseinrichtungen fördern, Veränderungen erfolgreich zu bewältigen. Weinheim und Basel: Beltz

Gutknecht, D. (2012): Bildung in der Kinderkrippe. Wege zur Professionellen Responsivität. Stuttgart: Kohlhammer

John, M. (2008): Übergangssituationen – Transitionen. In: Vogel Werkbuch. Kinder unter 3 Jahren in Kindertageseinrichtungen. Bildungsprozesse mit Kindern gestalten. München: Heinrich Vogel, S. 26-29

Laewen, H.-J. (1989): Zur außerfamiliären Tagesbetreuung von Kindern unter drei Jahren. Stand der Forschung und notwendige Konsequenzen. In: Zeitschrift für Pädagogik. Ausgabe 6, S. 869-888

Landeshauptstadt München (LHM); Sozialreferat (Hrsg.) (2006): Die pädagogische Rahmenkonzeption für Kinderkrippen der Landeshauptstadt München. Neufassung der Langfassung. München, Juni 2006

Landeshauptstadt München (LHM); Sozialreferat (Hrsg.) (1994): Modellprojekt Frühförderung von Kleinstkindern durch Unterstützung junger Familien bei der Erziehungsaufgabe und durch pädagogische Qualifizierung von Krippen. Abschlussbericht Projektteil C: Zusätzliche Intensivierung der Elternarbeit in der Krippe. München

Lingenauber, S. (2004): Handlexikon der Reggio-Pädagogik. Bochum; Freiburg: Projekt-Verlag

Malaguzzi, L. (1985): Die hundert Sprachen der Kinder. In: A. Dreier (1993): Was tut der Wind, wenn er nicht weht? Begegnungen mit der Kleinkindpädagogik in Reggio Emilia. Berlin: FIPP, S. 15

Mühlum, S.; Virnkaes, G.; Reichle, G. (1994): Projekt: »Ich finde mich in meiner Gruppe nicht mehr zurecht.« In: S. Mühlum; Ch. Lipp-Peetz (Hrsg.): Situationsansatz konkret. TPS extra. Ausgabe 18. Bielefeld: Luther, S. 11-23

Naumann, S. (1998): Hier spielt sich das Leben ab. Wie Kinder im Spiel die Welt begreifen. In: J. Zimmer: Praxisreihe Situationsansatz. Ravensburg: Ravensburger.

Oerter, R. (1993): Psychologie des Spiels. Ein handlungstheoretischer Ansatz. München: Quintessenz

Passauer, I.; Wiedemann, B. (1990): Risikofaktoren für die Krippentauglichkeit in zwei voneinander unabhängigen Studien. Pädiatrie und Grenzgebiete. Ausgabe 29, S. 295-303

Pechstein, J. (1990): Auflösung der Kinderkrippen in der DDR als Relikte der SED-Diktatur. In: Sozialpädiatrie. Ausgabe 12, S. 261-266

Pikler, E. (2001): Lasst mir Zeit. Die selbstständige Bewegungsentwicklung des Kindes bis zum freien Gehen. München: Richard Pflaum

Prokop, E. (2008): Übergänge brauchen Zeit. Erfahrungen aus der Praxis einer Kinderkrippe. In: TPS. Ausgabe 7, S. 14-15

Prott, R. (2003): Erzieherinnen und Eltern. Zehn Prinzipien für eine erfolgreiche Zusammenarbeit. In: klein& groß. Ausgabe 4

Prott, R.; Hautumm, A. (2007): 12 Prinzipien für eine erfolgreiche Zusammenarbeit von Erzieherinnen und Eltern. Weimar, Berlin: verlag das netz

Sander, L. W. (2009): Die Entwicklung des Säuglings, das Werden der Person und die Entstehung des Bewusstseins. Stuttgart: Klett-Cotta

Schäfer, G. E. (2008): Das Denken lernen – Bildung im Krippenalter. In: Betrifft Kinder. Ausgabe 8-9. Berlin, Weimar: verlag das netz, S. 7-15

Schäfer, G. E. (2003): Bildung beginnt mit der Geburt. Förderung von Bildungsprozessen in den ersten sechs Lebensjahren. Weinheim, Basel, Berlin: Beltz

Seligman, M. E. P. (1979): Erlernte Hilflosigkeit. München: Urban & Schwarzenberg

Stern, D. N. (1994): Die Lebenserfahrung des Säuglings. Stuttgart: Klett-Cotta

Van Dieken, C. (2012): Ganz nah dabei – Eingewöhnung von 0- bis 3-Jährigen in die Kita. Berlin: Cornelsen

Von der Beek, A. (2007): Bildungsräume für Kinder von Null bis Drei. Weimar, Berlin: verlag das netz

Winner, A. (2013): Alles Bindung oder was? Zu Risiken und Nebenwirkungen eines Modebegriffs. In Betrifft KINDER. Ausgabe 6/7. Weimar, Berlin: verlag das netz, S. 16-23

Winner, A. (2012): Kleinkinder ergreifen das Wort. Sprachförderung mit Kindern von 0 bis 4 Jahren. 2. Auflage. Berlin, Düsseldorf, Mannheim: Cornelsen Scriptor

Winner, A. (2008): Wie sich Kleinkinder bilden. In: Vogel Werkbuch. Kinder unter 3 Jahren in Kindertageseinrichtungen. Bildungsprozesse mit Kindern gestalten. München: Heinrich Vogel, S. 13-17, 31-33

Winner, A. (2007): Sprachförderung von Anfang an. In: Betrifft KINDER. Ausgabe 12. Weimar, Berlin: verlag das netz, S. 6-16

Winner, A. (2006): Das Allgemeine und Spezifische an Bildung im Kleinkindalter. In: Landeshauptstadt München, Sozialreferat (Hrsg.): Die pädagogische Rahmenkonzeption für Kinderkrippen der Landeshauptstadt München. Neufassung der Langfassung. München, Juni 2006, S. 11-17

Winner, A. (2004): Welche Bildung, welches Bild vom Kind? – Widersprüchliche Aussagen im Bayrischen Bildungs- und Erziehungsplan. In: KiTa aktuell BY. Ausgabe 12. Neuwied: Carl Link

Winner, A. (2003): Konfliktfeld Elternarbeit. Die ungeklärte Erziehungspartnerschaft im Kindergarten (und in der Schule). In: Aktion Jugendschutz Landesstelle Bayern (Hrsg.): Mit Eltern. Neue Wege in der Präventionsarbeit. pro jugend. Ausgabe 1

Winner, A. (2000): Die Gestaltung der Eingewöhnungszeit in der Kinderkrippe. Pädagogische Ziele und Grundhaltungen. In: H. Colberg-Schrader u.a. (Hrsg.): Kinder in Tageseinrichtungen. Ein Handbuch für Erzieherinnen. Seelze: Kallmeyer

Wustmann, C. (2004): Resilienz. Widerstandfähigkeit von Kindern in Tageseinrichtungen fördern. Weinheim und Basel: Beltz

Wygotski, L. (1987): Die Krise der Einjährigen. In: J. Lompscher (Hrsg.): Lew Wygotski – Ausgewählte Schriften. Arbeiten zur psychischen Entwicklung der Persönlichkeit. Band 2. Köln: Pahl-Rugenstein, S. 163-197

Wygotski, L. (1979): Denken und Sprechen. 5. Auflage. Frankfurt am Main: Fischer Taschenbuch

Zimmer, J. (1998): Praxisreihe Situationsansatz. 12 Bände. Ravensburg: Ravensburger

# Die Autorinnen

## Videofilme und DVDs zur Arbeit mit Kleinkindern nach Emmi Pikler

Tardos, A.; Appell, G.:
  Die Aufmerksamkeit des Säuglings während des Spiels
Tardos, A; Szántó, Á.:
  Sich frei bewegen
Tardos, A; Appell, G.:
  Aufmerksames Miteinander
Vincze, M.; Appel, G.:
  Säuglinge und Kleinkinder untereinander
Martino, B.:
  Lóczy, wo kleine Menschen groß werden
Zu beziehen über:
  www.wege-der-entfaltung.de

## Dr. Anna Winner,

Psycholinguistin
Dozentin an der Fachakademie für Sozialpädagogik der Landeshauptstadt München, Fortbildungsreferentin und Fachautorin
Ihre Themenschwerpunkte sind Kleinstkindpädagogik, Sprachentwicklung und Bildung
E-Mail: anna.winner@t-online.de

## Elisabeth Erndt-Doll,

Diplom-Sozialpädagogin (FH), Erzieherin
Multiplikatorin für Bildungs- und Lerngeschichten und Kleinstkindpädagogik
Freiberufliche Fortbildnerin mit Zertifikat im Kindertagesstättenbereich
E-Mail: info@erndt-doll.de

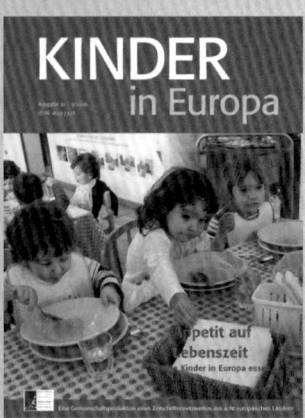

Anna Winner · Elisabeth Erndt-Doll
Anfang gut? Alles besser!
Ein Modell für die Eingewöhnung in Kinderkrippen und
anderen Tageseinrichtungen für Kinder